V&R

Bettina von Jagow und Florian Steger

Was treibt die Literatur zur Medizin?

Ein kulturwissenschaftlicher Dialog

Vandenhoeck & Ruprecht

Bibliografische Information der Deutschen Nationalbibliothek

Die Deutsche Nationalbibliothek verzeichnet diese Publikation in der
Deutschen Nationalbibliografie; detaillierte bibliografische Daten sind
im Internet über http://dnb.d-nb.de abrufbar.

ISBN 978-3-525-21019-2

Umschlagabbildung: Der Arzt. Allegorischer Stich von M. Engelbrecht.
Deutschland, um 1735 (Paris, Bibl. des arts décoratifs)

Gedruckt auf alterungsbeständigem Papier.

Inhalt

Geleitwort

Apollo ist der Gott der Heilkunst und der Künste. Medizin ist nicht nur Wissenschaft (scientia), sondern auch Kunst (ars). Alle Künste besitzen therapeutische Kräfte und gehen zugleich in dieser Funktion nicht auf. Ein berühmter Aphorismus von Hippokrates über Wesen und Aufgaben der Medizin, der bis in die Gegenwart Gültigkeit besitzt, beginnt mit dem Satz »Die Kunst ist lang, das Leben kurz« (»ars longa, vita brevis«). Therapie meint ursprünglich nicht nur Behandlung und Heilung, sondern immer auch Begleitung und Beistand. Die Werke der Kunst zielen bei allen Überschneidungen in eine die Medizin überschreitende Tiefe: »Poësie ist die große Kunst der Construction der transcendentalen Gesundheit. Der Poët ist also der trancendentale Arzt« (Novalis, Logologische Fragmente, 1798).

Seit der Antike hat sich die Literatur der Medizin zugewandt, hat ihre Welt wiederholt dargestellt und gedeutet: Erscheinungen der Krankheit (Pathophänomenologie), Krankheitsursachen (Ätiologie), Methoden der Erkenntnis und Formen der Behandlung (Diagnose und Therapie), Gefühle, Wünsche und Vorstellungen des Kranken (Subjektivität des Kranken), Wissen, Denken und Verhalten der Ärzte (Arztbild), Praxis, Krankenhaus, Sanatorium (medizinische Institution), Verständnis und Unterstützung der Umwelt (soziale Reaktionen) und schließlich ideelle Bedeutung (Symbolik). Nach Kafka soll das Buch »wie die Axt sein für das gefrorene Meer in uns« (Franz Kafka an Oskar Pollak, 27.1.1904).

Umgekehrt hat auch die Medizin innere Verbindungen und Gemeinsamkeiten mit der Literatur hervorgehoben, hat Krankheitsbezeichnungen aus literarischen Texten übernommen, hat Intuition, Empathie, Aufklärung, Psychotherapie und Operation auf das Wesen der Kunst und ästhetische Kategorien bezogen. Zahlreiche Ärzte waren gleichzeitig in Medizin und Literatur aktiv, verfassten Texte der Lyrik und Prosa, trugen als Grenzgänger zu Wechselbeziehungen und gegenseitigem Verständnis bei. So zweifelt der Schriftsteller und Arzt Čechov nicht daran, dass seine medizinische Tätigkeit seine literarische Produktion wesentlich förderte: »Sie hat in bedeutendem Maße meinen Horizont erweitert und mich mit Kenntnissen bereichert, deren Wert für mich als Schriftsteller nur der ermessen kann, der selbst Arzt ist« (A.P. Čechov an G.I. Rossolino, 11.10.1899). Vier Künste sind für Medizin und Lebenswirklichkeit elementar: Lebenskunst, Kunst des Krankseins, Sterbekunst, Kunst des Beistands.

Raum und Zeit spielen eine wichtige Rolle, haben sich auf die Zuwendung der Literatur zur Medizin ausgewirkt. Fortschritte der Medizin in Diagnostik und Therapie, sozialkulturelle Veränderungen sowie der Wandel der Literatur in den vergangenen Epochen sind von Einfluss gewesen. Auch beim einzelnen Schriftsteller lassen sich Entwicklungen in der Beziehung zur Medizin beobachten.

Die Gattungen der Literatur – Erzählung, Roman, Drama, Gedicht – haben ihrerseits spezifische Affinitäten zu den Dimensionen der medizinischen Welt; Gedichte greifen vor allem Gefühle und Gedanken des Kranken auf, während Romane Gesundheit und Krankheit eher mit sozialen Beziehungen und historischen Verhältnissen verbinden. Ebenso bieten die medizinischen Disziplinen unterschiedliche Möglichkeiten der Literarisierung; Psychiatrie unterscheidet sich von Chirurgie, Pädiatrie von Gynäkologie, Diagnostik ist mit Therapie nicht identisch, Lehre und Forschung besitzen ihre eigene Logik.

Bei allen Differenzen gibt es auch Kontinuitäten, zeit- und epochenübergreifende Aspekte und Seinsebenen der Medizin, Literatur und Anthropologie. Beispielhaft für diese komplexe Verbindung von Wandel und Dauer sind die Auffassungen über Wille und Wohl des Kranken, seine Autonomie und Abhängigkeit, die Kommunikation zwischen Arzt und Patient, das Bild des Arztes in seinem Gelingen oder Versagen, als Therapeut, Lehrer, Forscher oder Gesundheitspolitiker.

Bettina von Jagow und Florian Steger, die sich mit verschiedenen Veröffentlichungen und vor allem mit der gehaltreichen Edition des Lexikons *Literatur und Medizin* (Göttingen 2005) der Beziehung von Medizin und Literatur erfolgreich zugewandt haben, sind erneut mit der Untersuchung *Was treibt die Literatur zur Medizin? Ein kulturwissenschaftlicher Dialog* an die Öffentlichkeit getreten. Grundsätzliche Reflexionen über diese Begegnung stehen neben spezifischen Ausführungen zur Patientenautonomie, Psychiatrie und Kommunikation, zu Ärzten als Schriftstellern und zum Gesundheits- und Krankheitsbegriff.

Wieder zeigt sich, welche vielfältigen und wichtigen Impulse Geschichte, Theorie und Ethik der Medizin sowie die verschiedenen Literaturwissenschaften aus diesem Dialog von Literatur und Medizin gewinnen können. »Die harte Rinde der Natur und gewöhnlichen Welt machen es dem Geiste saurer zur Idee durchzudringen als die Werke der Kunst« (Hegel, *Vorlesungen über die Ästhetik*, posth. 1835).

Weitere Themen, Disziplinen und Epochen bieten sich als Fortsetzungen an. Literaturwissenschaftler und Mediziner sowie Freunde der Literatur werden von den Beobachtungen, Hinweisen und Interpretationen angeregt sowie zu eigenen Überlegungen stimuliert. Wissenschaft und Kunst können damit im Sinne von Hippokrates das Leben des lesenden und denkenden Menschen bereichern und verlängern.

Dietrich v. Engelhardt (Lübeck)

Einleitung: Was treibt die Literatur zur Medizin? Methodisch-theoretische Überlegungen zum Dialog von Literatur und Medizin

Die Beziehung zwischen Literatur und Medizin besitzt zahlreiche Dimensionen und steht in einer langen Tradition, die mit unterschiedlichen Stationen und Zäsuren bis in die Antike zurückreicht. Medizin ist seit der Antike als heilkundliches Wissen über die Natur und den Menschen zu fassen (allgemein Leven 2005; speziell: Wittern 1994a und 1996a). Man denke an (1) Krankheitsbeschreibungen wie beispielsweise die bei Homer literarisch inszenierte Wundversorgung durch Machaon, an (2) Darstellungen auf antiken Gefäßen, so zum Beispiel wie Achill Patrokolos einen Pfeil aus dem Oberarm entfernt und diesen dann verbindet, man denke an (3) die attischen Tragiker, so an Sophokles und beispielsweise an seinen *Philoktet*, oder an (4) das ausgeprägte Fachschrifttum, das bis zu den Hippokratischen Schriften zurückreicht. Dietrich von Engelhardt setzt hier an und schreibt (von Engelhardt 2005a):

> Krankheit und Schmerz, Geburt und Tod werden immer wieder in literarischen Texten ebenso dargestellt und gedeutet wie Patient, Arzt, Therapie und medizinische Institution. Schriftsteller sind Ärzte oder Ärzte Schriftsteller. Künstler erkranken, Krankheit bringt auch Kunst hervor. Literatur ist zwar nicht Medizin und kann doch zu einem Instrument der Therapie werden; Medizin ihrerseits unterscheidet sich von Kunst, auch wenn ärztliches Handeln künstlerische Momente enthält.

Versucht man zu verstehen, wie es zu jenen medizintheoretischen Grundlagen des Abendlandes gekommen ist, welche die Medizin bis zum Einsetzen einer zunehmend naturwissenschaftlich geprägten Ausrichtung bestimmten – man denke in diesem Zusammenhang nur an die Wirkungsgeschichte der Humoralpathologie – so ist ein dichtes Flechtwerk von Grenzüberschreitungen zu beschreiben: Impulse aus dem Vorderen Orient wurden im antiken Griechenland transformiert und modifiziert, sie wurden in Auseinandersetzungen mit eigenen Vorstellungen und Ideen verändert, von dort in das Römische Weltreich weitergegeben und erneut in einem komplexen Prozess tradiert und verändert, bevor diese Einlass in das Mittelalter fanden und erneut territoriale wie ideengeschichtliche Grenzen überschritten (vgl. Steger 2008a: Kapitel 4). Dabei ist für die Herausbildung medizinischen Wissens das Verhältnis von Philosophie und Medizin seit den ersten naturphilosophischen Studien von großer Bedeutung (Wittern und Pellegrin 1996). Das tritt in dieser Studie insbesondere für das Thema der Autonomie vor Augen, wenn sich philoso-

phisch-theoretische, medizinethische und ästhetische Diskussionen durchkreuzen.

Das Verhältnis von Literatur und Medizin steht seit längerer Zeit im Mit-
telpunkt der Forschung: Im deutschsprachigen Raum ist aus literaturwissenschaftlicher Sicht Walter Müller-Seidel hervorzuheben; er hat wichtige
Vorarbeiten geleistet (Müller-Seidel 1997). Hieran hat sein akademischer
Schüler Thomas Anz mit seiner Habilitationsschrift *Gesund oder krank?*
(1989) sowie mit seinen vielfältigen psychoanalytischen Arbeiten auf dem
Gebiet von Literatur und Medizin angeschlossen; ferner hat sich mit dem
Verhältnis von Literatur und Medizin der Bielefelder Germanist Walter Erhart
(1997 und 2004), unter anderem in dem in den Jahren 2001–2004 in Greifswald ansässigen Postdoc-Kolleg »Krankheit und Geschlecht« auseinanderge-
setzt. Die Arbeitshypothese des Kollegs war, »dass Definitionen von Ge-
schlechtlichkeit im Sinne von sex/anatomisch-biologischem Geschlecht und
gender/soziokulturellem Geschlecht einerseits und von Krankheit beziehungsweise Gesundheit andererseits sich überschneiden und wechselseitig
zueinander in Bezug gesetzt werden können« (Krüger-Fürhoff, Nusser und
Strowick 2006: 42). Auch der Stuttgarter Philologe Horst Thomé (1993) hat
sich mit Literatur und Medizin auseinander gesetzt. Von medizinhistorischer
Seite ist zuerst der emeritierte Lübecker Medizinhistoriker und Medizin-
ethiker Dietrich von Engelhardt hervorzuheben, der neben dem Heidelberger
Komparatisten Horst-Jürgen Gerigk und dem in Saarbrücken wirkenden
Nervenarzt und Medizinhistoriker Wolfram Schmitt zu den Gründungsmit-
gliedern des Arbeitskreises »Psychopathologie, Kunst und Literatur« zählt.
Dieser Arbeitskreis ist darum bemüht, jährlich eine wissenschaftliche Tagung
auszurichten, in deren Rahmen zentrale Themen auf den Schnittstellen von
Psychopathologie, Kunst und Literatur diskutiert werden. Begleitet wird die
Arbeit von einer eigenen Schriftenreihe des Arbeitskreises mit dem Titel
Schriften zur Psychopathologie, Kunst und Literatur. Dietrich von Engelhardt
hat selbst zahlreiche Arbeiten vorgelegt, so etwa seine auf fünf Bände konzi-
pierte *Medizin in der Literatur der Neuzeit*, von der bisher zwei Arbeiten (von
Engelhardt 1991 und 2000) veröffentlicht werden konnten; er bereitet drei
weitere Bände vor, in denen er »Literarische Texte«, »Wissenschaftliche Beiträge« und ein »Thematisches Verzeichnis« präsentieren wird; nicht weniger
bedeutend ist die Tatsache, dass von Engelhardt zu vielen weiteren Arbeiten
angeregt hat (so zum Beispiel Udo Benzenhöfer oder Hannah Monyer). International ist vor allem auf die umfangreichen Studien von Sander L. Gilman
und nicht zuletzt auf die von Susan Sontag (*Illness as metaphor*, New York
1977) hinzuweisen. Hervorzuheben ist hier insbesondere auch Sander L.
Gilmans Monographie *Disease and Representation* (Ithaca, NY, 1988). Im
Zentrum dieser Arbeit stehen Darstellungen von Krankheit und Repräsentationen von Menschen, die an Krankheiten leiden. Gilman zieht hierzu fiktionale Texte und künstlerische Quellen, aber auch faktuale Texte heran, die
vom Mittelalter bis in die Zeitgeschichte reichen. Es geht Gilman um die

Bedeutung der Wissenschaftsgeschichte für ein Verständnis kultureller Phänomene, also um eine soziokulturelle Konstruktion von Krankheit und Kranksein. Auch die einschlägige amerikanische Fachzeitschrift *Literature and Medicine* (hg. von Rita Charon et al.) ist von internationaler Bedeutung. In zahlreichen interdisziplinären Fachbeiträgen wird hier dieses Verhältnis unter Einbeziehung der medizinischen Ethik beziehungsweise Bioethik diskutiert (Brock und Ratzan 1988). Bedauerlich ist indessen, dass nur selten Beispiele aus der europäischen Literatur herangezogen werden.

In fiktionalen Texten werden medizinische Themen aufgegriffen: Dabei konzentrierte man sich in der Forschung vor allem auf die sogenannten Klassiker der Literatur, vornehmlich des 19. und der ersten Hälfte des 20. Jahrhunderts (Stulz, Nager und Schulz 2005). Unter diesen Umständen verwundert es nicht, dass es sich bei diesen Autoren häufig um sogenannte Schriftsteller-Ärzte handelt (von Engelhardt und Gerigk 2005, Klimpel 1999 und 2006, Kulessa 2005). Dagegen sind Beispiele aus der Literatur seit 1945 und auch des Feuilletons beziehungsweise der Literaturkritik unter dem Blick auf das Verhältnis von Literatur und Medizin (noch) weitgehend unbearbeitet.

Schwerpunktmäßig konzentrierte man sich in der bisherigen Forschung auf thematische Fragestellungen (Bergdolt und von Engelhardt 2000, von Engelhardt, Gerigk, Pressler und Schmitt 1990, von Engelhardt, Schneble und Wolf 2000, Gröne 2006, Moamai 1997, Nechwatal 1992, Pender 1998, Schonlau 2005, Schreiner 2003, Tellenbach 1992, Waller, Waller und Marckmann 2004). In der von Jochen Hörisch und Thomas Klinkert neu gegründeten Reihe *Das Wissen der Literatur* geht es auch um Medizin; in Band 1 (Degler und Kohlroß 2006) werden Konstellationen von Literatur und Pathologie untersucht, und dies an Epochen/Krankheiten thematisiert.

Ein weiteres Beispiel für eine solche Verfahrensweise ist die Habilitationsschrift von Rudolf Käser (1998) mit dem Titel *Arzt, Tod und Text*; um Käser herum besteht auch eine Schweizer AG »Literature – Medicine – Gender« (vgl. www.culturalstudies/d/arbeit/ag_litmed.html, abgerufen am 30.8.2008). Käser untersucht die kritische Spiegelung der Medizin in der Literatur in thematologischer Perspektive, indem er die Funktion medizinischer Diskurse in literarischen Werken anhand ausgewählter Beispiele beleuchtet: Der medizinische Diskurs stehe demnach immer in Zusammenhang mit anderen Diskursen, die den Anspruch haben, Normen für unser Handeln definieren zu können. Literatur biete einen diskursiven Ort, in dem auch als »unwissenschaftlich« disqualifizierte Konzepte von Leben, Krankheit und Tod thematisiert, das heißt konfligierende Kompetenzansprüche verschiedener Diskurse namhaft gemacht und diskutiert werden könnten. Die These ist hierbei, der Erfolgsgeschichte der modernen Medizin, will man eine solche denn schreiben, stünde eine Literatur gegenüber, in der vor allem negative Aspekte der Medizin und die Grenzen der medizinischen Möglichkeiten herausgearbeitet seien. – Nun mag eine solche Einschätzung aus literaturwissenschaftlicher Sicht Bestand haben, medizinhistorisch sind aber Zweifel anzubringen, ob die

Geschichte der modernen Medizin nun wirklich eine Erfolgsgeschichte ist. Im Licht der Folgen moderner Medizin, die sich in heftigen Diskussionen um moderne medizinethische Probleme spiegeln, wie auch angesichts moderner Medizinhistoriographie (Eckart und Jütte 2007, Leven 2008) drängt sich dieser Schluss nicht notwendig auf – und das zeigen auch die Diskussionen zwischen Literatur und Medizin in dieser Studie.

Ein weiterer Schwerpunkt der Forschung umfasst den Aspekt, dass Literatur Beschreibungsinventare von Krankheit bieten kann, die jenseits beispielsweise psychopathologischer Möglichkeiten stehen (Anz 2002, von Engelhardt 2003, Frewer und Stockhorst 2003, Keitel 1986, Shannonhouse 2000). In der mittlerweile eingestellten Zeitschrift *Fundamenta Psychiatrica*, die von Erich Lungershausen gegründet wurde, finden sich zahlreiche Beiträge, in denen gerade das Versagen des psychopathologischen Beschreibungsinventars respektive das Potenzial literarischer Darstellungsmöglichkeiten von Menschlichem betont wird (vgl. auch Brunner und Steger 2005a und 2005b).

Literatur kann auch als didaktische Handreichung zum Einsatz gebracht werden, um Studierenden sowie sich in Aus- und Weiterbildung Befindlichen (Pflegekräfte, Ärzte und andere) durch literarische Darstellungen ein Verständnis für und von Krankheit und Kranksein zu vermitteln, und auch Sensibilität wecken (Hunsaker Hawkins und Chander McEntyre 2000). Literatur kann für manchen gar »therapeutischen« Wert haben. Die Integration von Krankheit ins Leben ist nicht nur ein wichtiger Aspekt des humanen Umgangs mit ihr und dem Kranken, sondern auch »therapeutisch« wertvoll (von Engelhardt 1999). In diesem Sinn kann zum Beispiel die Form der Bibliotherapie als produktiver Umgang mit Krankheit angesehen werden (von Engelhardt 2002, Nevanlinna 2005, Ridder 2008).

In diesen vielfältigen Beziehungen zwischen Medizin und Literatur steckt ein durchaus anregendes Forschungspotenzial (Brock und Ratzan 1988, Caldwell 2000, Danou, Annie und Bagros 1998, Rousseau 2003, Sprecher 2002, Stulz, Nager und Schulz 2005, Thiher 1999).

Gerade für kulturwissenschaftliche Untersuchungen ist Literatur und Medizin ein äußerst ergiebiger und faszinierender Gegenstand. Aus dem Greifswalder Kolleg sind einige wichtige kulturwissenschaftliche Arbeiten hervorgegangen (Erhart, Nusser und Strowick 2003, Nusser und Strowick 2002). Ein anderes Beispiel einer gelungenen kulturwissenschaftlichen Arbeit ist die Dissertation von Brigitte Weingart *Ansteckende Wörter* (Weingart 2002). Hier werden Austauschprozesse zwischen Medizin, Politik, Literatur und Film untersucht, indem eine Reihe besonders einschlägiger Figuren und Topoi im Rahmen des Diskurses über AIDS in den Blick geraten. Zentrales Thema ist der (bundes-)deutsche Diskurs über »westliches AIDS«. Der Fokus liegt hierbei auf der »AIDS-Hysterie« und der »Katastrophenstimmung« in den 1980er Jahren, das heißt in einer Phase epistemologischer Unsicherheit hinsichtlich der Entwicklung lebensverlängernder Therapien. Weingart verfolgt dabei die These, AIDS lasse sich als Resümee lesen, und zwar als Geschichte eines Phänomens, die von der Geschichte seines Signifikanten nicht zu trennen ist. Zentrale kulturwissenschaftliche Ansätze sind auch umgesetzt in Mayer und Weingart 2004; vgl. weiter Hahn, Person und Pethes 2002. Zuletzt sei hier noch auf das von uns 2007 begründete *Jahrbuch Literatur und Medizin* verwiesen, in dem eben jener kulturwissenschaftliche Dialog zwischen Literatur und Medizin geführt wird.

Bei Literatur und Medizin handelt es sich um ein Thema, das seine Reichhaltigkeit vor allem durch einen interdisziplinären Zugang erlangt. Die Zusammensetzung von Literatur und Medizin umfasst dabei zwei differente Themenbereiche, die auf den ersten Blick nur wenig gemein haben, bei näherer Betrachtung aber ergiebige Schnittstellen erkennen lassen. Dietrich von Engelhardt (1978 und 1991) hat jene Schnittstellen exemplarisch aufgezeigt und in drei Funktionen der Beziehung von Medizin und Literatur unterteilt:

Die medizinische Funktion der Literatur: Literarische Texte sind wichtige Quellen für die Medizinhistoriographie und mit ihren ganzheitlichen Beschreibungen von Gesundheit und Krankheit, Geburt und Tod, Arzt und Patient auch für die Medizin und den medizinischen Unterricht.

Die literarische Funktion der Medizin: Medizin und Medizingeschichte können zur Interpretation der Literatur einen Beitrag leisten. So können Krankheiten, therapeutische Verfahren und medizinische Theorien im literarischen Werk durch entsprechende medizinische Kenntnisse und Erläuterungen verständlicher werden.

Die genuine Funktion der literarisierten Medizin: Schließlich ist die Wiedergabe der Medizin in der Literatur nicht nur ein Gegenstand für Literaturwissenschaftler und Medizinhistoriker oder Mediziner, sondern eine Anregung für alle Menschen in deren Umgang mit Krankheit und Tod sowie mit den diagnostisch-therapeutischen Möglichkeiten der Medizin (vgl. Maio und Roelcke 2001). Insofern trägt Literatur maßgeblich zu den Medical Humanities bei.

Werke der Kunst, Musik und Literatur ermöglichen eine Überwindung der Differenz zwischen Wahrnehmung und Kommunikation. Sie bringen Erfahrungen im Bereich der Ästhetik zur Sprache (von Jagow und Steger 2005: 10):

> Literatur und Medizin durchkreuzen einander im Feld der Sprache und über ein Wissen, das beide auf genuine Weise speichern und mit dem sie spezifisch umgehen: die Medizin in Theorie und Praxis vornehmlich zur Versorgung des kranken Menschen; die Literatur in Ästhetik und ihrer Rezeption zur intellektuellen Bereicherung des neugierigen Menschen.

Diese Durchkreuzungen lassen Schnittstellen erkennen, an denen das Verhältnis von Literatur und Medizin untersucht werden kann. Für diese Studie haben wir aus dem reichen Feld exemplarisch vier Bereiche ausgewählt, denen wir uns jeweils nähern wollen. Es ist dies erstens die Näherung an das Verhältnis von Patientenautonomie und Literatur, das insofern von größter Aktualität ist, als das Selbstbestimmungsrecht im Mittelpunkt der medizinethischen Diskussion steht. Man denke nur an die derzeit verhandelten Fragen, welche die Patientenverfügung (aktuell etwa Dreier 2008) oder die Organtransplantation betreffen. Die zweite Näherung behandelt das Verhältnis von Psychiatrie und Literatur. Hier werden mit dem spezifischen Fokus auf Psychiatrie Fragestellungen des ersten Kapitels aufgenommen und vertieft. Zugleich wird auf die besondere Virulenz psychischer Störungen für die Literatur und deren Möglichkeiten der Reflexion aufmerksam gemacht. Die dritte Näherung fokussiert auf Kommunikation und Literatur; damit werden alte Fragen der Mensch-Mensch-Interaktionen erinnert, die heute zahlreiche medizinethische Konflikte betreffen. Hier wird insbesondere auf ein großes Forschungsdesiderat aufmerksam gemacht, welches die Geschichte der Kommunikation in der Medizin – gewonnen aus literarischen Repräsentationen – aus subjektzentrierter Sichtweise von der Antike bis heute meint. Zu wünschen ist den hier aufgezeigten Forschungsansätzen, dass sie zu Folgestudien anregten und so von vielen Seiten und aus unterschiedlichen Perspektiven eine Geschichte der Kommunikation in der Medizin entstehen könnte, deren Mittelpunkt Literatur als reiche Quelle einer solchen Geschichte bildete. Aktuell ist dieses Thema auch angesichts der Technisierung der Medizin, durch die sich ein kommunikatives Ungleichgewicht einstellt, das auf empfindliche Weise die Patient-Arzt-Beziehung trifft. In diesem Rahmen sind beispielsweise Fragen der elektronischen Kommunikation zwischen Patient und Arzt oder der elektronischen Kommunikation des Patienten in medizinischem Rahmen (etwa der online-Apotheke) zu berücksichtigen. Diese neue Form des kommunikativen Umgangs des Patienten wird auch als E-Health bezeichnet. Und die vierte Näherung greift das Thema von Ärzten als Literaten – Literaten als Ärzte auf. Es ist dies sicherlich die konventionellste Option, sich dem Feld von Literatur und Medizin anzunähern. Zugleich ist es aber auch eine so weit tragende und vor allem historisch wertvolle, zumal, wenn bisher unbekannte Literaten erschlossen oder eher untypische Ärzte-Literaten wie Sigmund Freud erörtert und Techniken der Psychoanalyse als literarisch anmutende Schreibprozesse erklärt werden. Nicht zuletzt wird hier immer wieder auch die Frage nach dem Humanen im 20. Jahrhundert gestellt. Zudem können wir in diesem ohnehin sehr spannenden Bereich auf neue Quellenfunde hinweisen. Welche Synergie im Feld von Literatur und Medizin im Allgemeinen liegt, wird gerade dadurch deutlich, dass Literatur eine Überwindung der Differenz zwischen Wahrnehmung und Kommunikation ermöglicht und Erfahrungen im Bereich der Ästhetik zur Sprache bringen kann. Dieser Frage gehen wir dann auch ausblickend im Abschlusskapitel nach, in dem aus literaturwissenschaftlicher und theoretischer Perspektive eine metareflexive Position bezogen wird, die Literatur als Ort der Rede über Gesundheit und Krankheit etabliert, zugleich aber auch problematisiert. Außerdem werden Funktionen und Rollen von Literatur ersichtlich, und zwar immer im Vergleich zu den empirischen Wissenschaften. Diese Erörterungen klären zugleich auch die Frage, die mit dem Titel des Buches aufgeworfen wird: Was treibt die Literatur zur Medizin?

Wir verstehen das Gebiet von Literatur und Medizin in der Tat als eine Herausforderung an die Humanwissenschaften. Insofern ist die Bedeutung der Literatur für die Medizin nicht zuletzt in einer humanen Bestimmung des Menschen zwischen Gesundheit und Krankheit zu sehen, die unweigerlich mit dem Blick auf das Subjekt verbunden ist und zugleich mit dem Respekt vor dem Blick des Subjekts auf sich selbst. Aus solch einem subjektzentrierten Blick ergibt sich eine Ethik der Betrachtung und der Behandlung, die im Kontext einer humanen Medizin anstrebenswert ist. Hierin liegt also eine wesentliche Funktion der Literatur für die Medizin: in der Erinnerung an das Humanum. Ein humaner Umgang mit Kranken macht eine Integration von Krankheit in das Leben unabdingbar. Und insofern kann Literatur als produktiver Umgang mit Krankheit und Kranksein angesehen werden. Es ist dieser Bereich der Literatur und der Künste, der als Repräsentationsquelle der Darstellungen von Gesundheit und Krankheit anzusehen ist, der keineswegs linear und unipolar, vielmehr dialogisch zu verstehen ist.

Wir möchten allen, die uns seit längerer Zeit mit Rat und Tat im Feld von Literatur und Medizin zur Seite stehen, sehr herzlich danken. Ohne ihr Mitdenken und Mittun wären unsere Studien und unsere Projekte nicht vorstellbar, begründen sie sich doch auf einem interdisziplinären und kulturwissenschaftlichen Dialog, der von der Überzeugung getragen wird, dass Wissenschaft insbesondere auch durch kommunikative Prozesse vorangetrieben wird. Bedanken möchten wir uns bei Vandenhoeck & Ruprecht dafür, dass sich der Verlag für unser Thema interessiert und diese Studie in sein Programm aufgenommen hat.

Erste Näherung: Patientenautonomie und Literatur

Patientenautonomie ist in der Diskussion aktueller Medizin ein viel disku-
tiertes Thema. Aber auch die Literatur beschäftigt sich seit jeher mit dem
Thema der Autonomie, und mit Blick auf das Gebiet von Literatur und Medizin mit dem Spezifikum der Patientenautonomie. Zugleich birgt das Gebiet
Schnittstellen mit der Philosophie und der Ethik. Es repräsentiert damit ein
seit der Antike bestehendes Diskussionsfeld, das nicht nur genuin medizinhistorischer oder literarhistorischer Natur angehört. Vielmehr stellt das
Thema der Patientenautonomie im Kontext des Themas von Autonomie einen
typischen Bereich interdisziplinären Arbeitens dar, der durch unterschiedliche Stimmen aus differenten Wissenschaften und auch Wissenstraditionen
markiert ist. Zum einen ist die Patientenautonomie ein aktuelles Thema in der
medizinethischen Debatte. Fragen nach Einwilligung (»informed consent«;
vgl. hier auch das Kapitel zu Kommunikation und Literatur), gemeinsamen
Lösungen von Therapiemöglichkeiten zwischen Arzt und Patient (»shared
decision making«) oder Patientenverfügungen stehen hier im Mittelpunkt.
Zum anderen ist einleuchtend, dass die Literatur die Diskussionen, die in
diesen Bereichen geführt werden, nicht unmittelbar verarbeitet, das heißt eins
zu eins abbildet. Literatur kann im besten Fall solche Diskussionen in transformierter Form repräsentieren und sie reflexiv verarbeiten; sie avanciert also
zum Diskussionsfeld über aktuelle Debatten. Das wiederum ist in ihrer poetischen und ästhetischen Verbürgtheit begründet und in ihrer Eigenschaft, im
Modus fiktionalen Sprechens Kommunikation zwischen Wirklichem und
Imaginärem zu realisieren. Dieser Modus gestaltet auch ihre Formen und
Funktionen: Zum einen kann sie in typischen Gattungsformen affirmieren,
negieren, persiflieren oder etwa ironisieren – und damit literarische Traditionen fortführen. Zum anderen kann sie aber auch kontrapunktartig neue
Spielformen annehmen und mit ihnen neue Funktionen erproben. Gerade
solche Muster sind interessant – und sie stehen mit zwei exemplarischen
Beispielen der Gegenwartsliteratur, nach einer Hinführung zur Patientenautonomie auf dem Gebiet von Literatur und Medizin, zur Diskussion.
    Patientenautonomie als Spezifikum von Autonomie wird, das sei anfangs
festgehalten, nur verborgen in der Literatur reflektiert – ähnlich dem Phänomen von Gesundheit. Beim Thema der Patientenautonomie mag ein Grund
darin liegen, dass die Bedeutung, die der Patientenautonomie zugestanden
wird, relativ neu ist; allerdings eben versteckt immer auch in der Literatur –
insbesondere gekoppelt an Fragen der Autonomie des Menschen – verhandelt
wird. Dennoch: Anhand der Frage nach Patientenautonomie und Literatur
tritt beispielhaft vor Augen, welche Rolle die Literatur im Ideenhaushalt der

Moderne einnimmt, etwa verglichen mit klassischen analytischen Denkformen wie der Philosophie, aber auch mit den pragmatisch orientierten Wissenschaften wie der Medizin, hier vor allem mit einem Fokus auf die Ethik in der Medizin, und welche Bewältigungsmodelle und möglichen »Antworten« Literatur als reflexives Medium in der Moderne für anschlussfähiges Verstehen bereithält.

Die folgende Vorgehensweise beleuchtet in einem ersten Schritt die medizinethischen Diskussionen im Feld der Patientenautonomie. In einem zweiten Schritt wird erörtert, wie Autonomie und Literatur zusammenhängen. Und in einem dritten Schritt wird an zwei Beispielen aus der zeitgenössischen Literatur das methodisch-theoretische Wissen praktisch angewendet, das heißt, es wird textanalytisch und in einer kulturwissenschaftlichen Perspektive gedeutet.

Patientenautonomie

Die Selbstbestimmung des Patienten ist neben Verantwortung und Gerechtigkeit ein ethischer Grundwert (Hick 2007: 304–308). »Der ethische Grundwert der Selbstbestimmung oder Autonomie fordert, dass jeder über sein eigenes Schicksal selbst und ohne Einflüsse von außen frei bestimmen darf.« (Ebd.: 305). Jeder hat ein Recht auf körperliche Unversehrtheit, das heißt jeder hat auch ein Recht darauf, dass ein Arzt keinen Eingriff bei ihm vornimmt. »So kann das Recht auf Selbstbestimmung als Recht auf Nicht-Einmischung die Zurückweisung einer ärztlicherseits vorgeschlagenen und sogar indizierten Behandlung rechtfertigen.« (Ebd.: 306). Solches Recht kann auch durch den vorausverfügten Willen eingefordert werden, wie das in einer Patientenverfügung vorgesehen ist. Noch immer ist der Status einer Patientenverfügung Gegenstand kontroverser Diskussionen, die mittlerweile Einlass in das deutsche Parlament gefunden haben (vgl. hierzu auch den aufschlussreichen Artikel von Dreier 2008). Dies ist in Anbetracht von bisher etwa acht Millionen formulierter Patientenverfügungen zu begrüßen. Grundsätzlich hat jeder Mensch das Recht, über sich selbst zu entscheiden. Die Patientenverfügung kann dazu einen wesentlichen Beitrag leisten, insofern hier der Wille festgehalten wird. Die Patientenverfügung kann also helfen, das Recht auf Selbstbestimmung zu verfestigen.

Zweitens hat jeder ein Recht auf Handlungsfreiheit, das heißt, jeder kann über den Lauf seines Lebens frei entscheiden, was nicht zuletzt die Frage des Lebensendes betrifft. Gerade diese Handlungsfreiheit ist in der ärztlichen Praxis gefährdet, wenn man sich der Tatsache besinnt, wie häufig die Wünsche des Patienten nicht erfasst und wie oft diese Wünsche (zum Beispiel bei der Therapieentscheidung) nicht berücksichtigt werden.

Drittens hat jeder ein Recht auf Selbstzweckhaftigkeit. »[Der Mensch] ist an sich selbst ein Ziel, unabhängig von dem was er geworden ist oder anstrebt: er ist sich ›Zweck an sich selbst‹ in der Formulierung von Kant (…)« (Hick 2007: 307). Diese Selbstzweckhaftigkeit macht zugleich die menschliche Würde als absoluten Wert aus. In logischer Konsequenz darf ein Mensch dann nicht instrumentalisiert werden. Exemplarische Situationen, in denen diese Selbstbestimmung gefährdet ist, sind etwa gegeben, wenn es um Fragen des Schwangerschaftsabbruchs geht oder zum Beispiel wenn einem Menschen eine psychische Störung zugeschrieben wird. Dieser letzte Aspekt soll durch folgende klinische Situation als Kasuistik verdeutlicht werden:

> Ein junger Mann befindet sich seit mehr als einem halben Jahr als Patient in einer psychiatrischen Klinik. Akut kam er mit einem paranoid-halluzinato-rischen Syndrom. Seitdem ist er zunächst öffentlich-rechtlich, dann zivil-rechtlich untergebracht. Vor der Unterbringung bestand eine Betreuung. Innerhalb von ca. drei Monaten zeigte der Patient unter Therapie eine Re-mission der akuten Symptomatik, dennoch blieben Negativsymptomatik sowie kognitive Störungen bestehen. Zu diesem Zeitpunkt konnte auch nicht ausgeschlossen werden, dass psychotische Symptome persistierten. Über Monate hinweg war mit dem Patienten keine Perspektive für eine nachsta-tionäre psychiatrische Behandlung und eine angemessene Wohnsituation nach der Entlassung zu erarbeiten. Während eines Abendausgangs beging er sogar einmal einen Hausfriedensbruch. Auch auf Station fiel der Patient durch sein dissoziales Verhalten auf. Bei raptusartigen Wutausbrüchen kamen auch andere Menschen zu Schaden. Dieses Verhalten ist aus der langjährigen Vorgeschichte des Patienten bekannt. In der Regel erfuhr dies dadurch eine Verstärkung, dass der Patient eigenständig die angeordnete Medikation absetzte. Bisher führten solche Episoden zu hoher Aggressivität sowie Gewaltanwendung gegenüber anderen. Der Patient äußerte in den letzten Wochen seines stationären Aufenthalts immer wieder den Wunsch nach Eigenständigkeit und Freiheit. Er wolle eine eigene Wohnung beziehen und eine Familie gründen. Aktuell ist der Patient compliant, das heißt er kooperiert mit den behandelnden Ärzten. Er nimmt seine Medikamente re-gelmäßig ein, wirkt motiviert und hat mit Unterstützung einer Sozialarbei-terin sogar eine Wohnung im Haus eines älteren Ehepaars gefunden. Der Unterbringungsbeschluss läuft aus. Die Krankenkasse fragt wiederholt nach dem Grund für die Fortsetzung des stationären Aufenthalts. Die Eltern des Patienten äußern nachdrücklich den Wunsch nach einem weiteren statio-nären Verbleib ihres Sohnes, da sie sich mit ihrem Sohn überfordert fühlen.

Der ethische Konflikt besteht augenfällig zwischen der Autonomie des Pati-enten und der ärztlichen Fürsorge für den Patienten und dann auch für andere, die durch den Patienten gefährdet sind (Steger 2007d). Eine Eigengefährdung des Patienten sowie eine von diesem ausgehende Fremdgefährdung sind so gering als möglich zu halten. Insofern wird der Patient auch untergebracht, um seine Störung zu behandeln sowie ihn vor sich selbst und andere vor ihm zu schützen. Durch die ärztliche Fürsorge wird aber die Autonomie des Patienten empfindlich eingeschränkt – immerhin wird der Patient seiner Freiheit beraubt. Er muss in dieser akuten Phase sogar fixiert und zwangstherapiert werden. Aber: Die Behandlung zeigt Erfolg, und die akute Symptomatik bessert sich. Dennoch bleiben ausgeprägte Restsymptomatik und dissoziales Verhalten des Patienten bestehen. Dies ist weiterhin so gravierend, dass seine Unterbringung in einer psychiatrischen Klinik aufrechterhalten werden muss. Der Patient wehrt sich in dieser Zeit gegen nahezu jede Regel, die ihm auferlegt wird. Er ist auch nicht bereit, für sich eine (nachstationäre) Perspektive zu entwickeln. Er kann sich schlichtweg nicht mit einem Ordnungssystem arrangieren, mit dem er von außen konfrontiert wird. All dies reicht aus, um den Patienten seiner Freiheit zu berauben. Der Unterbringungsbeschluss und damit die Rechtsgrundlage des stationären Aufenthalts in einer psychiatrischen Klinik gegen den Willen des Patienten bleiben bestehen. Wird man dem Patienten, wird man einem Menschen damit gerecht? Warum wird kein Unterschied bei der Beurteilung seines Verhaltens gemacht, obwohl die akute Symptomatik remittiert ist? Es bleibt eine ausgeprägte Restsymptomatik bestehen. Aber: Ist das dissoziale Verhalten wirklich krankheitswertig? Ist es nicht verständlich, wenn sich ein Mensch gegen Regeln und Normen auflehnt, die er selbst nicht akzeptieren will respektive kann? Wer will schon gegen seinen Willen in einer psychiatrischen Klinik untergebracht sein? Wie soll der Patient verstehen, dass er trotz der Besserung seiner akuten Symptomatik nicht »frei« kommt? Man kann wohl nachvollziehen, dass der Patient dagegen rebelliert, wenn auch die Aggressivität und noch mehr die Gewaltanwendung abzulehnen sind. Der Patient lebt in seiner eigenen Welt, die mit der normativen Welt, der er ausgesetzt wird, nur schwer zu vereinen ist. Es bleiben Spannungen und es entstehen Konflikte, und zwar eben aus jenen Schnittpunkten der Ordnung und Normierung. Der Patient kommt mit der ihm entgegengehaltenen Welt, an der er gemessen wird, nicht zurecht. Doch ist das gleich Krankheit? Sollte man nicht seinen eigenen Standpunkt kritisch prüfen, von dem aus man misst, wertet und beurteilt. Wer sagt uns denn, dass wir ein solches Verhalten überhaupt verstehen können? Und was gibt uns das Recht, einen Menschen wegen bestimmter Symptome und wegen eines Verhaltens, das wir »dissozial« nennen, gar seiner Freiheit zu berauben? Realistisch ist, dass wir uns mit der gegebenen Ordnung arrangieren müssen, um ein Zusammenleben in einer Gemeinschaft möglich zu machen. Insofern ist es richtig und nachvollziehbar, wie man sich bei diesem Patienten verhalten hat. Es sollte nur klar sein, dass dies nötig ist, um gemeinschaftliches Miteinander möglich zu machen. Fürsorge für die anderen und auch in der akuten Situation für den Patienten selbst geht hier auf Kosten des Einzelnen, wenn seine Autonomie eingeschränkt wird.

Nach diesem praxisorientierten Einstieg, der das Dilemma zwischen Autonomie einerseits und Fürsorge andererseits klar vor Augen führt, soll nun noch einmal theoretisch und mit Blick auf die historische Entwicklung der Diskussion auf die beiden Prinzipien eingegangen werden. Dabei ist im Kopf zu behalten, dass die sich widerstrebenden Prinzipien in ihrer Eindeutigkeit und Schärfe, wie sie in den 1990er Jahren diskutiert wurden, heute nicht mehr gesehen werden. Das heißt auch, dass Meinungen, die referiert werden, aus heutiger Perspektive Extremmeinungen sind. Sie sollen aber zur Verdeutlichung auch der historischen Diskussion dargestellt werden.

In den 1990er Jahren hat man nachdrücklich festgehalten, dass in der heutigen Medizin ein Widerspruch zwischen Patientenautonomie und Paternalismus, verstanden als die überzeugte Auffassung eines Arztes, stets selbst zu wissen, was für den Patienten das Beste ist, besteht (Leist 1994). Dabei wird deutlich, dass die Hippokratische und die aufgeklärt-autonome Tradition neu gestaltet werden müssen. In der Hippokratischen Medizin wird das Prinzip des Paternalismus favorisiert (Steger 2008a), wohingegen die moderne Medizin immer auch darum bemüht ist, den Patienten in das Geschehen einzubinden, ihn aufzuklären und als autonome Person zu wahren (Hildt 2005). Eine Neugestaltung des Arzt-Patient-Verhältnisses ist aber in den Details mit teils tief greifenden Diskussionen verbunden. Insbesondere betrifft das die Frage nach der Patientenautonomie in Grenzfällen, in denen der Patient beispielsweise nicht mehr alleine entscheiden oder einwilligen kann. Das Verhältnis der Autonomie im Kontext der Ethik hat grundlegend Haworth (Haworth 1986) diskutiert. Einzelne Fallbeispiele in diesem Feld diskutieren auch Battegay und Rauchfleisch (Battegay und Rauchfleisch 1990). Ausgehend von diesen Diskussionen lässt sich konstatieren: Das Arzt-Patient-Verhältnis kann im Kontext der Patientenautonomie nicht als ein »Auftrags-Ingenieur-Modell« definiert werden, das heißt der Arzt erfüllt als »Mechaniker« seine Rolle als »Heiler«. Dies gilt auch, wenn man spätestens seit 1900 den Eindruck gewinnt, dass die Medizin einer stetigen Technisierung und Apparatisierung unterliegt. Dem gegenüber und zugleich an dessen Seite steht der Arzt als paternalistisch Handelner: Paternalismus umfasst im weiten Sinne der Hippokratischen Tradition jede fürsorgliche Handlung durch den Arzt. Das philosophische Verständnis dagegen ist enger gefasst: Hier wird Paternalismus als Verstoß gegen den Willen des anderen verstanden, das heißt in diesem Fall gegen den Patientenwillen. Konkret ist hiervon das tägliche Arzt-Patient-Verhältnis bestimmt. Der Paternalismus kann so nicht unbedingt positiv bewertet werden, im Gegensatz zu eher positiv besetzten Begriffen wie »Fürsorge« oder »Autonomie«.

Fürsorge verlangt jedoch im Falle eines »unzuverlässigen oder problematischen«, also eines entscheidungs- und einwilligungseingeschränkten oder -unfähigen Patientenwillens den Paternalismus. Die viel diskutierte und ethisch relevante Frage ist nun, was man unter »unzuverlässig oder problematisch« verstehen will, wann also paternalistisch gehandelt werden sollte. Es haben sich sodann zwei – nicht unumstrittene – Formen des Paternalismus in dieser Diskussion herauskristallisiert: Der *schwache* Paternalismus rechtfertigt das Handeln gegen den Patientenwillen mit »Kompetenzdefekt«. Der *starke* Paternalismus fragt nicht nach dem Patientenwillen, sondern tut, was für diesen als das Beste erscheint. Besonders fraglich ist aber, ob eine solche »Bevormundung« zu rechtfertigen ist. Das Dilemma besteht im Widerspruch von körperlichem wie seelischem Wohl des Patienten und der Respektierung des autonomen Willens.

Was ist grundsätzlich wichtig zur Wahrung der Patientenautonomie, vorausgesetzt, der Patient ist entscheidungs- und einwilligungsfähig? Wichtiges Prinzip ist hier das der informierten Einwilligung (»informed consent«; Vollmann 2000 und grundlegend zum Thema 2008). Hier muss der Arzt den Patienten in die Lage versetzen, über Behandlungsoptionen selbstständig entscheiden zu können. Dieser sollte also auch Gründe angeben können, warum er sich für oder gegen eine Behandlung entscheidet. Ziel ist ein gemeinsamer Entscheidungsfindungsprozess. Es besteht ein großer Unterschied zwischen einer sogenannten kompetenten Zustimmung, also einer Bejahung nach umfassender Aufklärung, und dem schlichten »Ja-Wort« des Patienten, das aus der Tatsache geboren wird, einfach nicht verweigern zu wollen oder zu können – im einen Fall entscheidet sich der Patient aktiv für eine Behandlung, im anderen nickt er einfach nur die Entscheidung des Arztes ab. Wie ist es aber bei einem Patienten, der nicht informiert werden will und sein Recht auf Nichtwissen proklamiert? Seine autonome Entscheidung ist nur dann nicht zu wahren, wenn durch sein Nichtwissen Dritte gefährdet werden. Und auch das ist umstritten. So muss ein Arzt zum Beispiel nicht unbedingt darauf bestehen, über eine HIV-Infektion aufzuklären. Hier liegt eine schwere Güterabwägung vor.

Was lässt sich also bisher konstatieren? Das ärztliche Ethos war ursprünglich ein Ethos der Fürsorge. Im Hippokratischen Eid wird der Begriff der Autonomie nicht genannt. Wohl gibt es aber in der antiken Literatur zahlreiche Belege für ein erstarkendes Ich. Man denke nur an die sophokleische Antigone. Heute ändert sich die Rolle stark, die man der Patientenautonomie zuschreibt. Dies liegt an der zunehmenden Individualisierung von Werten und Lebensvorstellungen, der Ablehnung eines religiösen oder metaphysischen Menschenbildes sowie dem Zuwachs an »medizinischer Verfügungsgewalt« über Leben und Tod, wobei es immer wichtiger erscheint, dass der Einzelne entscheidet, was er für sein Wohl hält (Eibach 1997).

Die normative Kraft des Patientenwillens hat das ärztliche Handeln verändert. Allerdings erscheint es gefährlich, sich nur nach den Wünschen der Patienten zu richten – nur als Mittler für deren Selbstverwirklichung zu fungieren. Man versucht also im besten Fall, gemeinsam zu einer Lösung zu kommen, was unter dem Begriff des »shared decision making« in die Forschung eingegangen ist.

Diese neueren Entwicklungen, in denen der Patient als Subjekt ernst genommen wird, stehen konträr zu einer ebenfalls und von Patienten als negativ empfundenen Situation: In der heutigen Medizin wird der Patient zu oft nicht mehr als Subjekt, sondern als zu behandelndes Objekt gesehen, dessen Zustimmung zur Therapie man noch irgendwie erhalten muss. Es liegt also, neben den Bestrebungen für die Autonomie des Patienten zugleich auch eine gewisse Entindividualisierung der Medizin vor; sogleich könnte man kritisch einwenden, dass die molekulare Wende in der Medizin zu einer Stärkung der Wünsche und Bedürfnisse des Einzelnen geführt hat. In diesem medizinisch-ethischen Diskussionsfeld werden Fragen nach Patientenautonomie kontrovers betrachtet.

Nach diesem kurzen Überblick über medizinethische Diskussionen im Feld der Patientenautonomie stellt sich die zentrale Frage, wie Autonomie und Literatur zusammenkommen. Damit wird ein weiter Schritt gemacht von der medizinischen Diskussion und ihrer praktischen, also ärztlichen Handlungsrelevanz hinein in die Kulturgeschichte Europas. Zur Verdeutlichung der Dimensionierung der Schnittstellen von Autonomie und Literatur wird deshalb eine breite Informationsbasis erörtert.

Die Frage nach Autonomie in einer ideengeschichtlich ausgerichteten ästhetischen Perspektive stellt sich in doppelter Weise (von Jagow 2005): Zum einen als Frage nach der Autonomie der Literatur, zum anderen als Frage nach Autonomie in der Literatur; letztere wird später an einem Beispiel erörtert. Im modernen Sinn wird die Autonomie der Literatur und Kunst erst durch Kant diskutiert. Bereits Platon und Aristoteles verhandeln indirekt darüber in der Mythos-Logos-Debatte und der damit verknüpften Frage von der Nachahmung (gr. mímesis) der Künste. Während Platon den Mythos gegenüber dem Logos im Paradigma von Wahrheit abwertet (*Politeia*), beschreibt Aristoteles in seiner *Poetik* über die Form des Mythos, wie ein Kunstwerk am besten, das heißt am wirkungsvollsten aufgebaut werden kann. In seiner Folge ist Autonomie immer auch an die Wirkungsästhetik gebunden; so zum Beispiel bei Cicero (*De oratore*), wenn Dichtung die Forderung nach Schönheit und Zweckmäßigkeit gleichermaßen erfüllen soll (Horaz: »prodesse et delectare«). Mit der »Entdeckung« der Fiktionalität im 12. und 13. Jahrhundert erhält Literatur zusehends Autonomie, und zwar immer dann, wenn sie sich als »Medium der Sinnvermittlung« (Walter Haug) selbst problematisiert. Das 17. und 18. Jahrhundert wertet die produktionsästhetischen Kategorien, wie sie in der Renaissance durch den Dichter als gottähnlichen Schöpfer gebahnt wurden, auf und erkennt vor allem Imagination – und damit Autonomie von Literatur – als Kategorie von Kunst an (Karl Philipp Moritz: *Über die bildende Nachahmung des Schönen*, 1788). Seit Immanuel Kants *Kritik der reinen Urteilskraft* (1790) gilt Literatur als eigenständiger Bereich der »reinen« und »praktischen« Vernunft. Autonomie von Poesie ist also dadurch definiert, dass sie nicht ohne Verluste in ein anderes diskursives System übersetzt werden kann. Im Kontext der Etablierung der Disziplin der philosophischen Ästhetik kommt es in der Literatur zu einer Rezeption Kants, vor allem durch Friedrich Schiller (*Ästhetische Briefe*, 1795) und zu seiner Entwicklung des Programms einer ästhetischen Erziehung des Menschen. Im 19. Jahrhundert wird vor allem bei den französischen Realisten die Frage nach Imagination und Autonomie von Literatur nochmals aktuell: Stendhal (Henri Beyle) hat in *Le rouge et le noir* (1830) die Formel vom Roman als Spiegel geprägt, und zwar im Kapitel *L'opéra bouffe*. Hieraus wie aus weiteren poetologischen Aussagen kann – auch für den europäischen Realismus – auf eine »Phantasie der Realisten« (Rainer Warning) geschlossen werden, die Literatur als autonomes Modell der Darstellung von Welt kennzeichnet. Kulturkritische Betrachtungen der Autonomie von Literatur (Theodor W. Adorno: *Engagement* in den *Noten zur Literatur*, 1966) haben sich am Ästhetizismus und der Ablehnung jeder Zweckhaftigkeit von Literatur entzündet, wie besonders im Symbolismus und dem sogenannten L'art pour l'art-Prinzip deutlich wird. In den neueren Literaturtheorien (vor allem in kulturanthropologisch angereicherten Modellen) wird die Frage nach der Autonomie von Literatur virulent diskutiert: Die Formel von der Literaturwissenschaft als Kulturwissenschaft macht dabei das Argument der Autonomie stark und sieht Literatur als einen eigenen Ort der Wissensspeicherung und teils auch -generierung an, der durch ästhetische Vermittlung markiert ist.

In der Literatur kommt Autonomie immer dort ins Spiel, wo Menschen denken und handeln und sich ihr Denken und Handeln im Sinn ihres eigenen oder gegen ihren Willen vollzieht. Autonomie wird vor allem am Beispiel von Sozialisationsprozessen von Menschen zu autonomen Individuen diskutiert, wie sie exemplarisch der Bildungs- und Entwicklungsroman darstellt. Damit ist Literatur ganz nahe an der Medizin. Im sogenannten Bildungs- und Entwicklungsroman – der Bildungsroman ist eine deutsche Gattungstypologie des europäischen Entwicklungsromans – steht die harmonische Entfaltung des Subjekts als autonomer Mensch im Mittelpunkt. Nicht Persönlichkeits- und Charakterentwicklung, sondern der Weg, meistens des Kindes zum »ganzen Menschen«, zum Individuum wird in der Auseinandersetzung mit seelischen Erfahrungen und der ihn umgebenden personalen wie kulturellen Umwelt als innerseelische »Reifung« beschrieben. Ziel dieser Menschwerdung ist es, die Anlagen einer humanitären und verantwortungsbewussten Gesamtpersönlichkeit zur Vollendung zu bringen. Im Prozess dieser Menschwerdung gelingt es den »Helden« der Bildungs- und Entwicklungsromane, im Widerstreit mit ihren Gefühlen und der sie umgebenden Menschen und Objekte ihre eigene Autonomie im Sinn von Selbstständigkeit (ein typisches Muster ist der Weg »aus den Kinderschuhen« in die weite Welt, dann in die Berufs- oder Künstlerwelt), Selbstbestimmtheit und schließlich Unabhängigkeit zu behaupten. Dabei richten sich Denken und Handeln, welche dem Subjekt Freiheit gewähren, nach Normen und Regeln der zeitimmanenten sozialen Verhältnisse und beides wird im Prozess intersubjektiver Kommunikation realisiert und aktualisiert. Zu den bekanntesten Bildungs- und Entwicklungsromanen, die diesem Muster weitgehend folgen, gehören Christoph Martin Wielands *Geschichte des Agathon* (1766/73/9), Karl Philipp Moritz' *Anton Reiser* (1785–90), Johann Wolfgang von Goethes *Wilhelm Meister* (1795/96, 1821/29), Ludwig Tiecks *Franz Sternbalds Wanderungen* (1798), Novalis' (Friedrich von Hardenbergs) *Heinrich von Ofterdingen* (postum

1802), Charles Dickens' *David Copperfield* (1849/50), Gottfried Kellers *Der grüne Heinrich* (1854/55), Roman Rollands *Jean-Christophe* (1904-12) und schließlich Thomas Manns *Der Zauberberg* (1924).

Eine neuzeitliche Besetzung von Autonomie im Sinn individueller Handlungsfreiheit wird in Griechenland von Sophokles am Beispiel Antigones exemplarisch vorgeführt: Wenn Antigone gegen die Gesetze des Staates, die sie als unethisch empfindet, ihren Bruder Polyneikes begräbt, der vor den Toren der Stadt in der Glut der Sonne verwest, handelt sie als autonomer Mensch, dessen ethisches Empfinden höher steht als die geltenden Normen; zugleich könnte ihr Denken und Handeln zur allgemeinen Norm erhoben werden – denn Antigone handelt im Sinn des Humanen. Im Kontext solcher Ziele handeln auch die »Helden« der Ritterromane des Mittelalters, etwa des Artusromans, der sich als ritterlich-höfische Dichtung in der Stauferzeit herausbildet (Mitte 12. bis Ende 13. Jahrhundert). Das Neue dieser höfischen Literatur bestehe darin, so Max Wehrli, dass eine Schicht von Laien als Literaturträger eine autonome Ideologie entwickle, die in einer neuen dichterischen Bilder- und Gedankensprache zu ihrer eigenen Weltlichkeit stehe. Die Artusdichtung folgt einem besonderen Strukturschema, in dessen Zentrum die âventiure des Ritters steht: Er bricht aus dem Artushof auf, um während der Isolierung von und im Dienst der Gesellschaft eine Ordnungstat zu begehen, die ihm eine Reintegration in die Gesellschaft des Artushofes ermöglicht. Hierin wird die wechselseitige Bezogenheit von Einzelnem und Gesellschaft deutlich und die Funktion der âventiure als Modell der Regelung dieser Verhältnisse. Wiederum im Prozess intersubjektiver Kommunikation (hier über die Waffentat als Mittel der Konfliktregelung) wird dem Menschen Autonomie zuteil. Die »conquête du bonheur individuel« mündet zeitgleich mit der Reintegration in der Liebe. Der Begründer der Artusdichtung, Chrétien de Troyes, hat dies in seinen Romanen *Erec et Enide* (ca. 1165/79), *Cligès* (ca. 1170-76), *Yvain* (1177-81), *Lancelot oder Le Chevalier de la Charette* (1177-81) und in *Perceval* oder *Le Conte du Graal* (1181-90) beschrieben. Zur Rezeption kam es durch Hartmann von Aue (*Erec*, um 1180/85, *Yvain*, um 1200) und durch Wolfram von Eschenbach (*Parzifal*, um 1200/10). Zu dieser Gattung kann, wenngleich nicht zur Artusepik im engeren Sinn, der Tristanstoff gerechnet werden (Tristanfragmente von Thomas, um 1175, *Tristan* von Gottfried von Straßburg, um 1210, und der *Roman de Tristan* von Berol, um 1160/70). Auf der »chasse au bonheur« – und immer im intersubjektiven Widerstreit um Autonomie – befinden sich auch noch die Protagonisten der Romane Stendhals (Henri Beyle). Die Autonomie ist auch am Beginn des 20. Jahrhunderts zentraler Fokus allen Denkens und Handelns im Widerstreit zu den sie umgebenden Welten der Subjekte und Objekte der Protagonisten, ganz virulent in den Romanen und Erzählungen von Franz Kafka. Kafka hat in seinem Schreibprojekt der Moderne (vgl. von Jagow und Jahraus 2008) wie kaum ein anderer die Möglichkeiten der Beschneidung von Autonomie in Szene gesetzt. Zentrale Orte und Anlässe dieses Geschehens sind insbesondere die Familie (*Die Verwandlung*, 1915; *Das Urteil*, 1916), juristische (*In der Strafkolonie*, 1919; *Der Proceß*, postum 1925) und staatsähnliche Autoritäten (*Das Schloß*, postum 1926) sowie paradoxe Situationen (die Erzählungen aus dem Band *Ein Landarzt*, 1919 und *Ein Hungerkünstler*, 1924). Jene Beschneidung von Autonomie wird – auch eingegangen in die Umgangssprache – als »kafkaesk« benannt. Sie resultiert aus einer Grunderfahrung von Fremdheit und veranschauliche, so formuliert Gerhard Neumann, die Verfassungsform einer Welt, deren Zeichen Unbehaustheit, existenzialistische Verlorenheit, Bürokratie und Folter, Entmenschlichung und Absurdität zu sein scheinen. Kafka selbst hat in seinem sogenannten blauen Schulheft (vermutlich Sommer 1916 bis Spätjahr 1923) den Kampf des modernen Subjekts um Autonomie mit der Formel »Jeder Mensch ist eigentümlich (…)« umschrieben. Die Entwicklung von Karl Roßmann, dem Protagonisten des *Amerika*-Romans (*Der Verschollene*, postum 1927), könnte schließlich das Ende des Bildungsromans, einen Anti-Bildungsroman markieren. Wie in vielen Texten der Moderne seit etwa 1900 bis in die zeitgenössische Literatur hinein wird dem Subjekt keine Möglichkeit der Selbstverantwortung und Verantwortung für andere und damit der Freiheit zugestanden, sondern seine Autonomie wird durch »Techniken« der Moderne anhaltend in Frage gestellt, seien dies Strategien des Verhörens, des Urteilens oder auch der modernen Medizin. Exemplarisch kann hier der *autopilot*-Zyklus aus Ulrike Draesners Gedichtband *gedächtnisschleifen* (1995) genannt werden, der die Frage nach der Patientenautonomie im Kontext der Transplantationschirurgie thematisiert, und der hier als eines der beiden Beispiele aus der zeitgenössischen Literatur untersucht wird.

Aus der Perspektive der Geschlechterdifferenz haben zahlreiche Autorinnen, insbesondere nach 1945, das Verhältnis von Weiblichkeit und Autonomie bearbeitet, zum Beispiel Ingeborg Bachmann in ihrem Romanfragment *Der Fall Franza* (geschrieben 1965/66, postum 1978), in *Malina* (1971) oder den Erzählungen des Bandes *Simultan* (1972).

Aus diesen Schilderungen wird deutlich: Die Geschichte der Autonomie als diachrones, literarhistorisches Projekt zu untersuchen steht in einer umfassenden Studie aus – und es mutet so an, als sei dies ein spannendes, wenngleich nicht ganz konfliktfreies Unterfangen, für das interdisziplinäre und komparatistische Kompetenzen gefordert sind.

Als erstes, kurz skizziertes Beispiel aus der Gegenwartsliteratur steht hier der israelische Schriftsteller David Grossman, dem es in *baguf ani mevina* (2002; dt. *Das Gedächtnis der Haut*) gelungen ist, die ästhetische und die medizinethische Ebene von Autonomie zu verflechten. Abschließend soll an diesem Beispiel zeitgenössischer narrativer Literatur und darauf an einem lyrischen Beispiel das Zusammenspiel von Literatur und Medizin auf ästhetischer Ebene im Feld von Patientenautonomie beleuchtet werden – und es soll noch einmal darauf hingewiesen werden, dass diese Beispiele lediglich induktiv die medizinethische Debatte diskutieren, und demnach vielmehr die großen Spuren dieser Diskussion in transformierter Weise vor Augen stellen. Bei Grossman sind die Transformationen ganz abseits des medizinischen Alltags gestaltet, wohingegen sich bei Draesner die Frage nach Patientenautonomie binnentextuell im medizinischen Kontext abspielt.

David Grossmans Roman *Das Gedächtnis der Haut* hat bereits auf formaler Ebene eine besondere Struktur: Er ist in zwei Teile gegliedert, die scheinbar unabhängig voneinander existieren. Im ersten Teil, betitelt *Raserei*, werden Vorstellung des Protagonisten Schaul beschrieben, die davon handeln, wie seine Frau fremdgeht und wie diese fremde Liebesbeziehung strukturiert ist. Im zweiten Teil, betitelt *Das Gedächtnis der Haut*, liest Rotem, eine Schriftstellerin, ihrer todkranken Mutter am Sterbebett jene in der Familiengeschichte bisher tabuisierte Erzählung vor, die von der Beziehung der Mutter zu einem minderjährigen Knaben während der Jugend Rotems handelt. Dadurch wird – ästhetisch vermittelt – zwischen Mutter und Tochter zum ersten Mal aussprechbar, was sonst ungesagt bliebe. Wenngleich der Akt des Vorlesens am Sterbebett auch eine Zumutung bedeutet, gelingt hier durch ihn ein Zuwachs an Autonomie, der beiden Menschen Freiheitsgrade eröffnet. Das Thema der Autonomie spielt auf einer ersten, ästhetischen Ebene also eine Rolle, indem die Kraft der Imagination und die Möglichkeiten von Vorstellungswelten (erster Teil) im Mittelpunkt stehen. Auf einer zweiten Ebene (zweiter Teil) verbindet sich Autonomie im Sinn von Schöpfungskraft qua Dichtung mit Fragen der Autonomie am Lebensende: Hier durchkreuzen sich also medizinethische und ästhetische Komponenten. Das ist das Raffinierte an Grossmans Roman – und es zeigt die enge Verbindung von ästhetischen und ethischen Paradigmen.

Was nun bringt David Grossmans Roman in Zusammenhang mit dem Thema von Patientenautonomie und Literatur? Es wird die Situation gesetzt, dass Rotems Mutter sterbenskrank, unmittelbar vor ihrem Tod, von ihrer Tochter besucht wird, die wiederum zur Schriftstellerin avanciert ist. Die Figur der Mutter spiegelt die Patientenrolle; die Figur der Tochter diejenige der Künstlerin, die gerade in ihrem Bestreben um künstlerische Autonomie erfolgreich geworden ist. Das erste Werk dieses künstlerischen Autonomiestrebens ist ihr Roman, den sie der Mutter am Sterbebett – ohne Einwilligung – vorliest.

Das Handeln allein überschreitet noch nicht die Grenzen der Autonomie der Mutter; Vorlesen am Krankenbett ist eher der Kategorie »Fürsorge« zuzuordnen, bezieht man auch Aspekte der Bibliotherapie, das heißt des therapeutischen Potenzials des Lesens und Schreibens von Büchern ein. Was aber wird vorgelesen? Rotem hat in ihrem Roman eine niemals ausgesprochene Tabugeschichte zwischen Mutter und Tochter aufgearbeitet. Und dass sie diese Geschichte, die totgeschwiegen zwischen den beiden steht, nun der Mutter in dieser Situation vorliest, ohne nach deren Einverständnis oder gar nach deren Gefühlen während der Lektüre zu fragen, beschneidet das Selbstbestimmungsrecht der Kranken, deren Genesungsprozess im Vordergrund steht. Die

Tochter aber stellt ihren Reifungsprozess als Autorin diesem Genesungsprozess entgegen – und zwar ohne Rücksicht auf die Gefühle und Wünsche ihrer Mutter.

Die Tochter gerät dadurch in eine Arzt-Rolle, die hier präziser therapeutisch gefasst werden könnte: Ohne dass die Mutter das Bedürfnis verspürt hätte, noch vor ihrem Tod über diese zwischen beiden stehende Geschichte zu sprechen, tut das die Tochter. Sie möchte mit dieser unausgesprochenen Geschichte nicht durch ihr Leben gehen und arbeitet sie für sich durch: in Form des geschriebenen Romans. Die tatsächliche Verarbeitung geschieht aber erst beim Vorlesen: Die Tochter versucht die Gesichtszüge der Mutter zu interpretieren, um eine Antwort darauf zu bekommen, warum diese Geschichte bisher zwischen den beiden nicht ausgesprochen wurde.

Die Mutter sagt zur Tochter am Ende: »Ich bin so froh, dass wir miteinander gesprochen haben«. Letztlich scheint die Tochter also eine Aussprache befördert zu haben. Dennoch: Zunächst handelt die Tochter egoistisch und auch maternalistisch, weil sie glaubt, dass es für die Mutter gut ist, diese Geschichte vor ihrem Tod mit ihrer Tochter zur Sprache gebracht zu haben. Es wird aber nicht, das ist wichtig, über die wirkliche Geschichte, die zwischen Mutter und Tochter steht, gesprochen. Vielmehr wird jene transformierte Geschichte vorgelesen, mit welcher die Mutter mit dem Nichtwissen der Tochter um die Wirklichkeit und deren Imaginärem konfrontiert wird. Gleich einem therapeutischem Geschehen wird versucht, Wirklichkeit zu rekonstruieren und über deren Rekonstruktion eine Interpretation zugelassen, die der Patient annehmen kann, aber nicht muss.

Der Arzt, besser gesagt: die Tochter, ist zur fiktiven Therapeutin geworden, der Patient zur stigmatisierten Mutter. Der in der Vergangenheit von der Mutter begangene Tabubruch wird durch eine die Autonomie der Mutter missachtende Grenzüberschreitung eingeholt. Und zwar eingeholt durch ein autonomes Werk der Literatur in der Literatur.

Was bedeutet das? Es könnte die Aussage zulassen, dass Autonomie nur auf Kosten von Autonomie erlebbar wird, die in diesem Fall glücklicherweise auch als fürsorglicher Akt zum Gelingen des therapeutischen Prozesses als Genesungsfortschritt in psychosozialer Sicht beiträgt, und zwar für beide am Prozess Beteiligten.

Das stellt uns David Grossman mit *Das Gedächtnis der Haut* vor Augen, gelesen vor dem thematischen Hintergrund von Patientenautonomie und Literatur – und damit auch, in gut ästhetischer Tradition, die Hochschätzung von Autonomie in all ihren kulturhistorischen Facetten wie gleich ebenso die damit verbundene Bewertung von Literatur als conditio humana und als mögliches Modell, im kulturellen Haushalt der Menschen Fragen nach dem Humanen zu diskutieren. Damit gibt der Roman auch Befindlichkeiten der Menschen wieder, gilt als Speicher und Gedächtnis unserer ureigensten Gefühle und Wahrnehmungen, welche durch das größte Organ, die Haut, transparent und erfahrbar werden. Zuletzt stehen nun andere Organe und eine andere literarische Form, Gedichte, in denen deutlich auf den medizinischen Bereich fokussiert wird, zur Diskussion.

Patientenautonomie wird hochaktuell immer wieder auch im Kontext von Organspende und Organtransplantation ins Feld geführt. Die Diskussionen im Bereich der Organtransplantation reißen nicht ab (Molzahn, Tuffs und Vollmann 2003), insbesondere auch nicht auf dem Gebiet von Literatur und Medizin: Ulrike Draesners Gedichte etwa sind virulent, betrachtet man die derzeitigen brisanten Diskussionen um das Thema der Organtransplantation. Auch die Autorin Slavenka Drakulić (*Frida*) beschäftigt dieses Thema. Als in der holländischen BNN-TV-Sendung um eine Nierenspende wettgeeifert wurde, äußerte sie sich als Betroffene (siehe auch http://jetzt.sueddeutsche.de/texte/anzeigen/384085, abgerufen 30. 8. 2008) und stellte fest, dass sie trotz des negativen, voyeuristischen Beigeschmacks, den die Sendung hinterlässt (letztlich stellt sich alles als Fake heraus), als Betroffene selbst auch diese Möglichkeit genutzt hätte. Das zeigt das ethische Dilemma, in dem sich Patienten, aber auch Ärzte befinden. Und dieses ethische Dilemma zwischen Spender und Empfänger, zwischen einer manchem nicht zwingend einleuchtenden Verteilungslogik der Organe reflektieren auch Ulrike Draesners Gedichte. Sie stellen den Menschen als Organempfänger und Individuum mit Leib und Seele letztlich in den Mittelpunkt und eruieren emotionale und medizinische Verquickungen der Organtransplantation. Wie nun der ganze Mensch mit Leib und Seele seine Autonomie im Kontext der Organtransplantation wahren kann, umkreist eben Ulrike Draesner in ihren vier *autopilot*-Gedichten repräsentativ, die nun abschließend im Feld der Patientenautonomie, das auch im Bereich der Transplantationschirurgie eine große Rolle spielt, genau gelesen werden.

Ulrike Draesner ist 1995 mit ihrem Gedichtband *gedächtnisschleifen* als junge Lyrikerin auf dem Buchmarkt in Erscheinung getreten und hat seither eine ausgezeichnete Schriftstellerinnenkarriere begangen. Der Gedichtband *gedächtnisschleifen* ist gerahmt von zwei Einzelgedichten, von *nachkriegsmensch* und dem Gedicht *rotten munter die riechenden Toten*. Dazwischen befinden sich 7 Abschnitte mit jeweils 8 bis 16 Gedichten. Die Abschnitte sind überschrieben mit: *sekret*; *schnabelheim*; *rote rippen, rabatten*; *innerste brustwolle*; *augenschälen*; *musenpressen* und *verpflanzungsgebiet*. Durch alle Abschnitte ziehen sich Fragen nach der Stellung des Menschen in seiner Umwelt, nach den Möglichkeiten des Wahrnehmens mit den Sinnen und den Unmöglichkeiten des liebenden Menschen. Der Abschnitt *verpflanzungsgebiet* ist der umfangreichste mit 16 Gedichten; er wird von den *autopilot*-Gedichten eröffnet.

Bei der Analyse der vier *autopilot*-Gedichte von Ulrike Draesner wird die Funktion von Poesie als Raum kulturkritischer Reflexion anschaulich (von Jagow und Steger 2004a). Poesie wird gleichsam als seismographischer Ort in der Kultur aufgefasst, der in anderer Sprache aktuelle Themen und Diskussionen reflektiert. In den *autopilot*-Gedichten – das zeigt metaphorisch gesprochen der Titel der die vier vereinenden Gedichte an – geht es um die kritische Reflexion der Autonomie des Menschen im Kontext moderner Medizin, übersetzt also um die sprachliche Gestaltung von Bildern des Menschen zwischen Selbstbestimmung und Fremdsteuerung.

Die vier *autopilot*-Gedichte beschreiben den Prozess des langsamen Erwachens und Bewusstwerdens des Selbst als autonomer Mensch. Die Frage nach der Autonomie wird am Beispiel der Herztransplantation erörtert: erstens aus der Perspektive eines an einer Operation Beteiligten bei Organentnahme (*autopilot II*), zweitens aus einer übergeordneten kritischen Perspektive, die über den Modus des Sprechens über Organtransplantation im Gedicht lesbar wird (*autopilot III*) und drittens aus der individuellen Perspektive eines Transplantierten (*autopilot IV*). Das Herz wird als Symbol genutzt, das den Ort physischer Funktionstüchtigkeit und Lebenskraft einerseits, den Hort emotionaler Bindungen als klassischer Topos andererseits darstellt. Mit und durch dieses Organ wird Dasein zwischen Leben und Tod beschrieben; der Schlaf wird dabei in *autopilot I* als Schwellenphänomen zwischen Leben und Tod in Szene gesetzt, in dem über das Unbewusste Prozesse des Verstehens beschrieben werden. Die Frage, die sich das Ich schließlich in *autopilot IV* stellt, ob es (eine) »herzmade« (D/E, Z. 20) ist, verweist exemplarisch auf die Fragwürdigkeit und Doppelbödigkeit der modernen Medizin im Kontext von Organtransplantation und auf die physischen – auch ethischen – wie vor allem psychischen Probleme, vor die Menschen, die moderne Medizin erleben, gestellt sind. *autopilot I* handelt grundsätzlich von der Anatomie des Menschen, *autopilot II* rückt die Operation einer Organentnahme in den Mittelpunkt, *autopilot III* beschreibt die zeitlichen Stufen von Organtransplantation, und zwar Organspende, Organverpflanzung und ihre Umstände, und *autopilot IV* schließlich reflektiert die Folgen einer Transplantation über ein lyrisches Ich.

Bei der ersten Lektüre der vier Gedichte ließen sich zunächst folgende Fragen stellen:

Wie kommt nun eigentlich die Medizin in die Literatur, ins Gedicht?
Worum geht es in den Gedichten von Ulrike Draesner?
Was suggeriert die Überschrift?
Wie wird der Mensch geschildert?
Was bedeutet das Herz?
In welchem Verhältnis stehen die Physiologie des Körpers und die Emotionen des Menschen?

Die Frage, die *autopilot IV* mit seiner Überschrift suggeriert, ist die, ob der Mensch zur »pflanzstätte« verkommen respektive degradiert ist, oder ob die Transplantationsmöglichkeiten tatsächlich ein »segen« der modernen Medizin sind. Wie entwickelt Ulrike Draesner nun diese Zielfrage über die vier Gedichte?

In *autopilot I* wird die Hirntätigkeit eines schlafenden Menschen beschrieben: Das wird durch den Beginn »schlaf.« (Z. 1) deutlich. Es wird auf die Unmöglichkeit des Vergessens von Sinneseindrücken und Gefühlen durch die »löschblattlosigkeit« (Z. 2) verwiesen. Über die Anatomie der Stirn, vor allem wird das »os frontale« zitiert mit den »stirnbeine[n]« (Z. 4), wird die dahinter stattfindende Nerventätigkeit metaphorisch als »fächelnde scheren« (Z. 7) beschrieben – man kann sich hier das Bild der feuernden Neuronen vorstellen. Wohin wird gefeuert? Zentrum der Beschreibung der Anatomie des Kopfes ist das Gedächtnis, das über das bekannte Freudsche Beschreibungsinventar der »wachstafel wunderblock« (Z. 8) zitiert wird. Über die Dialektik von Erinnern und Vergessen, so viel hier nur als Randbemerkung, lassen sich die *autopilot*-Gedichte mit ihren modernen Topoi in den Band *gedächtnisschleifen* insgesamt einreihen. Im Klappentext des Gedichtbandes heißt es zum übergeordneten Thema treffend: »*gedächtnisschleifen* erwachsen in einer das Fleisch und das Zeichen, Gegenwart und Vergangenheit, Phantasie und Erinnerung kreuzenden Bild- und Sprachbewegung.«

In das Gedächtnis von *autopilot I* nun werden »hieroglyphen« (Z. 10) geschrieben – und hier wird bereits auf die Verschleierung und Schwierigkeit der Dechiffrierung von Bildern des Gedächtnisses verwiesen. Die Kritik, die dann an analytisch-naturwissenschaftlicher Methodik laut wird, betrifft die Unmöglichkeit der Darstellbarkeit von Emotionen, von »manie, eifersucht, angst« (Z. 12) und von »gier, freude und haß« (Z. 14), die auf keinem Bild zu sehen und keinem histologischen Schnitt zu entlocken sind. Möglicherweise wird hier die neurobiologische Forschung ins Visier genommen, die an der Erforschung von Emotionen arbeitet, diese mit Daten und Fakten, aber ohne Berücksichtigung kulturengebundener Faktoren des Individuums beschreibt. Die Schwierigkeit einer solchen Beschreibung tritt auch mit den Traumbildern nochmals vor Augen, die dem Schläfer vor das innere Auge treten und metaphorisch als Phantasiebilder, als »zungen-drachen« aufgerufen werden (Z. 18–23). Das »doch« (Z. 23) zeigt dann eine Überleitung zu einer anderen Ebene an: die »kauzangen« (Z. 24), die unerbittlich, überberedt den lebendigen Menschen mechanisch am Rand zerkleinern, steht meines Erachtens für eben jene Sprache, die aus dem Mund bei Bewegung des Kiefers (»kauzangen«) entsteht, und die in der verwissenschaftlichten Sprache den Menschen entmenschlicht, entindividualisiert, ganz mechanisch, und ihn am Rand, also unbemerkt, möglicherweise auch unreflektiert symbolisch gesprochen zerstört, in seine Einzelteile zerlegt.

Eben jene fremdartige, verwissenschaftlichte Sprache des Menschen über den Menschen als funktionstüchtige Herzmaschine wird in *autopilot II* aufgenommen, wenn es in Zeile 5 konkret im medizinischen Milieu heißt: »sagt arzt zu schwester«. Zu Beginn wird nun auch deutlich, was die Autopiloten im Kontext der Gedichte von Ulrike Draesner sind: die hoch technisierten Maschinen und Apparate, die einen oft schon fast toten Menschen künstlich am Leben erhalten. Durch die Übertragung des Begriffs aus der Luftfahrt, in der

Autopiloten zur mechanischen Steuerung von Maschinen, also Flugzeugen
dienen, auf die Medizin, in der Menschen im Zentrum stehen, wird der
Mensch sozusagen automatisch mit einem mechanischen Index versehen, als
funktionstüchtige Maschine beschrieben, nicht aber als Subjekt. Der Körper
dieser zur Disposition stehenden Menschen ist ihnen selbst fremd geworden;
das zeigt sich im Gedicht über die Bezeichnung des Körpers mit Fremdwör-
tern wie »body« (Z. 7), »todesbody« (Z. 9) oder »anatomiefetisch« (Z. 12). In
autopilot II allerdings reflektiert das lyrische Ich, das wie auch schon in *autopilot I* beschrieben, nicht in der Lage ist, die Daten der Messinstrumente zu
lesen (Z. 7f.), diese intersubjektiv problematische Situation: Einem toten
Körper gegenübergestellt, dem das lyrische Ich das Herz entnimmt, fragt es
rhetorisch, ob es wohl andere gibt, die seine Befindlichkeiten angesichts der
Organentnahme interessieren, und zwar gleich zwei Mal: »fragt da einer, ob
ich lebe und wie?« (Z. 18) und »fragt da je einer, wie ich weiterlebe« (Z. 20f.). In
diesem Kontext wird auch Zeile 9 transparent: Dem »todesbody« gegenübergestellt fragt sich das Ich, ob der »bruder des schlafes« »meiner« (alle
Zitate Z. 9) ist, ob also nicht das Gegenüber den Tod repräsentiert, sondern ob
vielleicht das eigene Handeln selbst Tod bedeutet.

Bezeichnenderweise wird das Herz in dieser Situation als schönes Objekt
metaphorisch beschrieben, das kommt einer Hochschätzung gleich, wenn von
den »zwei schwanenhälse[n]« (Z. 15) als den Aortenbogen die Rede ist. Sie
werden zunächst als »geschlossene weiße lilien« (Z. 16), symbolisch also als
reine Verkörperung des Todes, dann als »zwei pulsende lilien« (Z. 19f.) beschrieben, also gleichsam als Möglichkeit des Wiederbelebens von Tod, und
zuletzt als »bebender herzvogel« (Z. 22). Die Entnahme des Organs des Lebens, des Herzens, scheint fraglich und ist euphorisch konnotiert zugleich: Es
transformiert den Spender in einen »tot-toten toten« (Z. 23) und gibt ebenso
die Möglichkeit, jenen »bebenden herzvogel« einem Empfänger als Ausflucht
vor dem Tod zu implantieren.

Organspende und Organtransplantation sind dann folgerichtig die Stationen der Beschreibung in *autopilot III:* Die 8 Zeilen des ersten Absatzes beschreiben einen Verkehrsunfall, der den Tod eines Menschen mit sich bringt,
welcher dann aufgeschnitten wird, und welchem die beiden Nieren und das
Herz entnommen werden. Das Szenario wird über einen Chiasmus lesbar als
klinisch reine[r] Herztod und als eine Herzlösung, also als Möglichkeit, das
Organ des Herzens angesichts des juristisch erforderlichen Tatbestands des
Hirntods zu gewinnen. Der zweite Absatz beschreibt dann die Maßnahmen,
einem Verkehrsopfer, das ein Spenderherz braucht, das Organ zu implantieren. Der Tote »wie stein« (Z. 2) wird als eine Art Erlösung qualifiziert, »endlich
ein derranter« (Z. 9), an dem man die Transplantationstechnik üben kann. Sie
wiederum wird als kriegerische Tat konnotiert, wenn »unter aufbietung aller
verfügbaren/kräfte, aller nadel- und schwertreserven,/im herzschlaggebiet
erfolgreich durchmarschiert« (Z. 13–15) wird. Der dritte Abschnitt schließlich besetzt die ärztliche Tat der Transplantation gänzlich negativ: Der

menschliche Körper interessiert nur als funktionierende Herzmaschine, die über das »cardiogramm im normalgebiet« kontrolliert werden kann – »normalgebiet« (Z. 17), als Anzeige der messbaren Daten auf einem Bildschirm, wird mit dem »herzschlaggebiet« (Z. 15) hier verknüpft, was wiederum den Menschen als Maschine präsentiert. Die Rechnung ist effizient »müllrestsparsam« (Z. 15) aufgegangen, der Mensch wird zum »ausschlachtbody« (Z. 18), und das Ganze wird als »durchschlagender sukzeß« (Z. 20) beschrieben: Gemeint ist hier einerseits die Redewendung vom durchschlagenden Erfolg, der aber verfremdet über ein eingedeutschtes Fremdwort pathologisiert wird: Mit »sukzeß« wird auch der Klang von Abszess aufgerufen, eines eitrigen Geschwulstes also, das Ekel erregend ist und auf Krankheit und Entzündung verweist. Als krank und eklig wird dieser Erfolg abqualifiziert, denn zum Schluss wird noch auf die gute Geldquelle und Einnahmemöglichkeit für den Arzt verwiesen: »klingelt/der weiße mund, wie die taschen gebeult« (Z. 20f.). Der weiße Mund, die Sprache des Arztes klingelt angesichts der von Geld gefüllten und also gebeulten Taschen – wobei Beulen eben auch Abszesse sein können. Mit diesem, einem Chiasmus ähnlich konstruierten Schluss wird der Mensch als »pflanzstätte« dargestellt, der jeglicher Autonomie beraubt, den Transplantationskünsten der Medizin unterliegt. »schlaf«, der einerseits endgültigen Tod im ersten Abschnitt, und andererseits ein Erwachen aus dem Tod nach Organtransplantation im dritten Abschnitt bedeutet, ist so seiner natürlichen Funktion, wie sie noch in *autopilot I* beschrieben wird über die Funktionen auch des Unbewussten beraubt, sondern er wird manipulierbar, verschiebbar und mess- und regelbar über Hirntod und Organspende dargestellt.

Dass der Mensch als »pflanzstätte« nicht nur Körper, sondern auch Seele und damit Gefühle besitzt, auf die bereits in *autopilot I* eingegangen wurde, rückt *autopilot IV* ins Gedächtnis: Im »verpflanzungsgebiet« (Z. 1) des sprechenden Ich entdeckt dieses sein eigenes Herz als ein fremdes, als »fremdgänger« (Z. 3) angesichts eines Spaziergangs auf einem Friedhof und mit dem Blick auf ein Grab. Dort, an jenem symbolisch aufgeladenen Ort, wird dem Ich seine prekäre Stellung zwischen Leben und Tod bewusst. Dieses Bewusstwerden der Stellung zwischen Leben und Tod, der labilen Grenzen, der »verkettungen« (Z. 10) und dem »herzreden« (Z. 11), erfolgt nach der Transplantation. Das Ich sagt, dass darüber niemand gesprochen hat (vgl. Z. 9f.). Die Verbundenheit mit dem Tod, wie sie in den Zeilen 13–15 angesprochen wird, das Hinüberreichen vom Tod ins Leben, die Perspektivierung also umgekehrt, nicht vom Leben in den Tod, sondern vom Tod ins Leben, beschreibt das Ich als »nichts meßbares« (Z. 15). Es sind jene anderen Gefühle, die nicht darstellbar sind, die nur erlebt und erfahren werden können, als ganzer Mensch, als Mensch mit Leib und Seele. Es sind Gefühle, die ein »dämon« (Z. 17), möglicherweise einer jener »zungen-drachen«, jener Traumgestalten, dem Ich aus dem Unbewussten ins Bewusstsein übersetzt (vgl. Z. 17) und die das Ich angesichts dieses neuen Bewusstseins in Tränen versetzt.

An dieser Stelle versteht das Ich, dass es geworden ist, dass es »herzmade« (Z. 20) wird oder ist, und das wiederum zernagt es. Das Bewusstsein, »wirt eines toten« (Z. 22) zu sein, dimensioniert die Transplantationschirurgie aus einer anderen Perspektive: aus der Perspektive des Subjekts, das nicht nur Körper ist, sondern das auch Gefühle entwickelt, die nicht messbar und nicht steuerbar sind.

Insofern ist *autopilot IV* die kulturkritische Reflexion der drei vorangegangenen Gedichte und ist auch mit einer zusätzlichen Überschrift versehen, die nach dem Verstehen der Gedichte anzeigt, dass der Mensch nicht nur »pflanzstätte« ist, nicht nur steuerbar über Instrumente als maschinenähnliches Wesen. Wenn er das wäre, wenn er »pflanzstätte« wäre, dann verkäme er zu einem weiteren Autopiloten. Die Fremdsteuerungen, welche die moderne Medizin ermöglichen, darauf verweisen Ulrike Draesners *autopilot*-Gedichte, gereichen nicht nur zum Wohl des Menschen. Betont wird in den Gedichten, dass der Mensch als Subjekt wahrgenommen werden muss, dass nicht nur die physischen, sondern auch die psychischen Dimensionen moderner Medizin mitgedacht werden müssen. Erst dann wird es dem Menschen möglich, mithilfe moderner Medizin seine Autonomie zu wahren, seine Selbstbestimmung zu finden, ohne sich als Transplantierter wie eine »herzmade« zu fühlen und als »wirt eines toten« unvorbereitet ein neues Leben zu beginnen. Am Beispiel der Herztransplantation wird in Ulrike Draesners vier *autopilot*-Gedichten deutlich, dass Bewusstsein für jenen »bebenden herzvogel« geschaffen werden muss, der Leben ermöglicht auf Kosten von Leben.

Ulrike Draesners *autopilot*-Gedichten kommt eine medizinische Funktion von Literatur zu, indem sie auf die humanen Dimensionen von Transplantation für Ärzte verweisen können, umgekehrt sind sie ohne medizinisches Wissen, ohne Topographien der Anatomie in ihrer Metaphorik, also ihrer poetischen Sprache kaum verständlich. Schließlich tritt in *autopilot IV* die genuine Funktion von literarisierter Medizin vor Augen: als Identifikationsmöglichkeit der realiter existierenden Transplantierten mit dem lyrischen Ich. Literatur und Medizin gehen in diesen Beziehungen ein Geflecht aus Realem und Imaginärem ein, das sich in poetischer Sprache in den ästhetischen Repräsentationen, welche die *autopilot*-Gedichte inszenieren, facettenreich rekonstruieren lässt und sowohl auf das Theoretisch-Methodische, das hier zu Literatur und Medizin erörtert wurde, als auch auf den kulturwissenschaftlichen Dialog zwischen Literatur und Medizin im Feld der Patientenautonomie rekurriert.

Zweite Näherung: Psychiatrie und Literatur

Künstlerische Kreativität und psychische Störung sind seit langem verbürgt (Bergdolt 1995): Es ist daraus der Topos von Genie und Wahnsinn erwachsen, wie dies in der bekannten *Sammlung Prinzhorn* abgebildet ist. Es handelt sich hierbei um eine Kunstsammlung sogenannter Psychiatrie-Erfahrener, das heißt all derjeniger, die Zeit ihres Lebens mit Psychiatrie – in welcher Form auch immer – in Berührung kamen. Der Psychiater Hans Prinzhorn wurde durch diese Sammlung von Bildern, Skulpturen und Schriftstücken psychisch kranker Künstler weltbekannt: Prinzhorn ist bei psychisch Kranken stets von einem gesteigerten Ausdrucksbedürfnis ausgegangen (Bergdolt 1995: 260):

> Prinzhorn wurde besonders durch seine Sammlung von Bildern, Skulpturen und Schriftstücken psychisch kranker Künstler bekannt. Die Kollektion, über 5000 Exponate, die sich noch heute in der Psychiatrischen Universitätsklinik in Heidelberg befinden, wurde 1980 in vielen deutschen Städten gezeigt und diskutiert.

Der psychisch Kranke drückt sich künstlerisch aus, er kann dadurch aufschreien und loswerden, was ihn beschäftigt. Ob in solchen Werken wirklich die Asylierung sowie die Ausgrenzung aus der Gesellschaft zum Ausdruck kommt, wie das teilweise unterstellt wird, das bezweifelt Bergdolt (1995: 260 f.) zu Recht. Kunst wird heute auch als Form der Therapie zum Einsatz gebracht, so zum Beispiel in Psychiatrie und Psychotherapie (Gestalttherapie). Solche Kunst wird auch ausgestellt, wie dies beispielsweise in dem Band *Leidlust*, herausgegeben von Johannes M. Lindner (1999), dokumentiert ist. Es handelt sich hierbei um eine Ausstellung psychiatrieerfahrener Künstler, die anlässlich des Gedenkens an die Eröffnung der ersten »schwäbischen Kreisirrenanstalt« 1849 im Schwäbischen Tagungs- und Bildungszentrum Kloster Irsee, 18.11.–5.12.1999, gezeigt wurde. Man kann – nimmt man solche Kunstformen wahr – durchaus sagen: Kunst ist Mittel des Ausdrucks, in dem erinnert und verarbeitet wird. »Liest« man solche Kunst aufmerksam, dann geht man auf biografische Spurensuche, und zwar ganz plastisch und ästhetisierend.

Man könnte also das Verhältnis von Psychiatrie sowie Psychotherapie und Kunst gut im Allgemeinen verfolgen und dabei verschiedene künstlerische wie auch mediale Formen in den Blick nehmen (vgl. beispielsweise Schmidt, Maio und Wulff 2008 oder Welker 2007). Hier allerdings wird sich auf die Literatur als eine künstlerische Form konzentriert – und schwerpunktmäßig auf die des 20. Jahrhunderts. Zweifelsohne wäre es aber sinnvoll – und vielleicht könnte dies auch eine Anregung sein – sowohl die historische Breite der literarischen Beispiele auszudehnen als auch eine Erweiterung um verschiedene – über die

Literatur hinausgehende – mediale Formen vorzunehmen. Im Folgenden wird zunächst ein Aspekt des Verhältnisses von Literatur und Medizin reflektiert, bevor auf das klinische Beispiel von Psychiatrie und Psychotherapie fokussiert und abschließend allgemeiner auf die Bedeutung von Literatur und Medizin ausgeblickt wird.

Literatur vermag auf die Bedeutung der Entschleunigung – auch von Medizin – aufmerksam zu machen. Die Zeiten ändern sich nicht nur (»tempora mutantur«), es wird auch vieles immer schneller und stetig vergänglicher. Patienten klagen über die wenige Zeit, die Ärzte mit ihnen verbringen. Ärzte klagen über die wenige Zeit, die ihnen in Anbetracht zunehmender Verwaltungstätigkeit noch bleibt. Universitätsärzte stehen unter zunehmendem Druck, neben guter Patientenversorgung auch eine gute Hochschullehre zu gewährleisten. Gerade in der Forschung dreht sich das Rad der Zeit immer schneller. Schließlich soll das Forschungsergebnis präsentiert sein, bevor die Information in ihrer Aktualität schon wieder verwelkt ist. Kurzum: Unser Medizinbetrieb ist von einem atemberaubenden Tempo bestimmt, in dem ein Innehalten, eine Entschleunigung dringend Not tut, nicht zuletzt um (1) die Information aufzunehmen, (2) diese zu verstehen und (3) diese gar kritisch infrage zu stellen.

Beeindruckt hat vor Kurzem der Berliner Psychiater und Psychotherapeut Hans Stoffels mit einem Vortrag über Angststörungen (Bayerische Akademie für Gesundheit, Lauterbacher Mühle, 16.5.2007). Angst ist zweifelsohne ein zentrales Thema der Menschheit: Angst ist im Grunde überall; sie lehrt einen das Fürchten. Adäquat erlebte Angst kann das Leben bewahren, gar retten (biologische Funktion der Angst). Angst kann sogar mit Lust verbunden werden, denkt man beispielsweise an Grenzerfahrungen wie das Bungeejumping. Angst ist aber auch Thema der Künste, so begegnet sie einem bei Edvard Munch (1863–1944) oder Pablo Picasso (1861–1973) und bei vielen anderen. Das Beeindruckende dieses Vortrags war vor allem, dass Stoffels ein Tonbeispiel vorführte: Es handelte sich um den *Erlkönig* von Johann Wolfgang von Goethe (1782), Musik von Franz Schubert (1815), gesungen von Dietrich Fischer-Dieskau. Stoffels vermochte mit diesem Beispiel, das er in der ganzen Länge präsentierte, der Fortbildung ein wohltuendes Moment der Ruhe, der Entschleunigung, beizugeben – und dies obgleich der Inhalt des *Erlkönig* im Grunde wenig Ruhe birgt. Und dennoch: Endlich hatte man Zeit, sich für ein paar Minuten zu besinnen.

Für solche Retardation vermag nicht zuletzt auch Literatur zu sorgen, dieses Verweilen wird von der Literatur bisweilen genutzt, um qua des ihr eigenen kritischen Potenzials auf manchen Missstand hinzuweisen; man denke nur an Christa Wolfs Roman *Leibhaftig* (2002), in dem die Situation der fast ausfallenden lautsprachlichen Kommunikation zwischen Patientin und Arzt meisterhaft vor Augen geführt und damit kritisch auf die schwierige und störanfällige Kommunikation im System der Medizin geblickt wird. Insofern sollte man, wenn man über die Funktionen des Verhältnisses von Literatur und Medizin nachdenkt, die Entschleunigung als eigene Funktion würdigen, schließlich haben einige Poeten (Sten Nadolny: *Die Entdeckung der Langsamkeit*, 1983; Milan Kundera: *Die unerträgliche Leichtigkeit des Seins*, 1984) diese explizit zum Thema erhoben. Diese vierte retardierende Funktion (»Literatur vermag zur Entschleunigung, nicht zuletzt von Medizin, einen wichtigen Beitrag leisten.«) kann also zu den drei von Dietrich von Engelhardt herausgearbeiteten und in der Einleitung vorgestellten Funktionen [(1) medizinische Funktion der Literatur, (2) literarische Funktion der Medizin und (3) genuine Funktion der literarisierten Medizin] hinzugefügt werden.

Unter der medizinischen Funktion der Literatur ist die Funktion von literarischen Texten als wichtige Quellen für die Medizin und die Medizingeschichte, und zwar mit ihren »ganzheitlichen« Beschreibungen von Gesundheit und Krankheit, Geburt und Tod, Arzt und Patient auch für die Medizin und den medizinischen Unterricht zu verstehen. Die Medizingeschichte ist wie jede andere Historiographie daran interessiert, wie Wirklichkeit wahrgenommen, erlebt, erfahren und erzählt wird. Blicken wir also zunächst auf die Medizingeschichte und greifen als Beispiel die Zeitgeschichte von Psychiatrie und Psychotherapie nach 1945 heraus: Die unmittelbaren Jahre nach 1945 sind unter den Bedingungen der sogenannten Zusammenbruchgesellschaft als der beständige Versuch einer Loslösung von der NS-Diktatur zu analysieren (Kersting 2003). Hier ist die zentrale Frage die nach Kontinuität respektive Diskontinuität. In den späten 1960er und 70er Jahren schließen sich Demokratisierungsbestrebungen an, welche die Psychiatrie-Enquête von 1975 vorbereiteten. In Öffentlichkeit, Politik und Fachwelt wurde nicht zuletzt durch die sogenannte Antipsychiatrie-Bewegung Verständnis für die Notwendigkeit einer Psychiatriereform gewonnen. Will man nun als Medizinhistoriker ein Bild dieser gesellschaftskritischen Bewegung erfassen, bietet es sich an, literarische Werke zu untersuchen, in denen Wahrnehmungen, Erleben und Erfahren des Einzelnen bewahrt sind. Denn folgt man dem Kultursoziologen Siegfried Kracauer (1889–1966), kann Literatur als Seismograph gesellschaftlicher Zustände angesehen werden. So hat beispielsweise Heinar Kipphardt (1922–1982), der 1964 durch sein Dokumentarstück *In der Sache J. Robert Oppenheimer* die Verantwortung der Wissenschaft im Zeitalter der Atombombe einforderte, in seinem Roman *März* von 1976 beschrieben, wie der junge Anstaltsarzt Dr. Kofler in der Beziehung zu seinem Patienten Alexander März, der an einer Störung aus dem schizophrenen Formenkreis erkrankt ist, einen kritischen Blick auf die Verhältnisse in der Anstalt gewann (vgl. unter dieser Perspektive zu Kipphardts *März* die Ausführungen bei Kersting 2003: 1–4). Kipphardt griff in *März* eben jene Antipsychiatrie-Debatte auf, indem er Krankheit als Folge sozialer Prozesse der Ablehnung und Ausgrenzung einer vermeintlich »normalen« und »gesunden« Majorität darstellte. Die Anstalt wurde als gefängnisähnliche totale Institution beschrieben. Kipphardt vermittelt also auf einer umfassenden Basis jenen gesellschaftskritischen Eindruck von der Psychiatrie, indem er Einblick gewährt in die

selbstkritische Reflexion seiner literarischen Figur Dr. Kofler. Diese selbstre-
flexive Impression ist für den Medizinhistoriker in Anbetracht der vermehr-
ten Betonung von Subjektivität (subjektive Wende in Geschichtswissenschaft
und Medizin) besonders wertvoll. Insofern lässt sich festhalten, dass der
Roman *März* auf seinen seismographischen Gehalt hin gelesen werden kann,
eben als Abbild einer öffentlich laut werdenden Forderung nach Verbesse-
rungen in der psychiatrischen Versorgung (vgl. zur Geschichte der psychiatrischen Versorgung Steger 2008c).

In diesem Zusammenhang ist es wichtig auf ein weiteres Beispiel hinzuweisen: Es handelt sich um den Literaten Ivan Blatný, der in engen Kontakt mit
der Psychiatrie kam, und der in Deutschland bisher kaum bekannt ist. Ivan
Blatný (1919 – 1990) veröffentlichte in den Jahren 1940 bis 1947 mehrere Ge-
dichtbände. Er gilt als einer der größten tschechischen Dichter. So liest man im
Nachwort (Christa Rothmeier in Blatný 2005: 177 f.):

> Nach dem tragischen Unfalltod des jüdischen Dichters Jiří Orten (1919-1941),
> der in der NS-Zeit unter deutscher Besatzung unter den Pseudonymen Karel
> Jílek und Jiří Jakub publizierte, hatte die tschechische Poesie nun mit Blatný
> ihr zweites großes Talent verloren. Seit der kommunistischen Machtüber-
> nahme im Jahr 1948 lebte der in Brünn geborene Tscheche bis zu seinem Tod
> 1990 in England. Er kehrte von seinem durch ein Stipendium möglich ge-
> wordenen Auslandsaufenthalt nicht mehr in seine Heimat zurück. Von
> Ängsten verfolgt verbrachte er die meiste dieser Zeit in Nervenheilanstalten.
> Der tschechische Rundfunk erklärte ihn sogar für tot, als er 1948 in London
> und im Claybury Psychiatric Hospital in Esses psychiatrisch behandelt
> wurde. Bevor er 1954 aufgrund der Diagnose ›paranoide Schizophrenie‹ für
> immer hinter Anstaltsmauern verschwand.

In diesen einsamen Jahren schrieb er Gedichte, von denen ein Teil durch die
aufmerksame Krankenschwester Frances Meacham erhalten wurde. Ein-
drucksvoll sind die an die Heimat erinnernden Impressionen des Zyklus
Azurblaue Wäsche, aus dem *Stimmung* entnommen ist:

> Stimmung
>
> Die karfiolförmigen Schränke eines Gebäudes
> stehen unbewegt in den Feldern
>
> Die Felder erstrecken sich vom Stadion zum Scheckamt
> vom Scheckamt zum Militärkommando
> vom Militärkommando zur Juridischen Fakultät
> von der Juridischen Fakultät zum Sportplatz S.K. Žabovřesky.

Impressionen der Heimat gegenüber stehen solche, in denen unmittelbare
Eindrücke aus England festgehalten sind. *Umzäunungen* ist dem gleichnamigen Zyklus entnommen:

Umzäunungen

In der Tür eines zu Werkstätten führenden Ganges standen Sie

Jemand betrachtete auf einen Müllhaufen gelegte Gegenstände
Eisenstangen Papierrosen Schrankteile

Ein anderer ging über den Hof

Sie traten durch das Tor der Umzäunung
in das Märzlicht eines englischen Sonntags

Der tschechisch-deutsche Gedichtband *Alte Wohnsitze* (zuerst tschechich *Stará bydliště*, 1979 in Toronto) vereint diese Gedichte, die zwischen Vergangenheit und Gegenwart, zwischen Erinnerung und Tatsächlichkeit pendeln (Christa Rothmeier in Blatný 2005: Klappentext):

> Die Nostalgie, Trauer und das Heimweh dessen, dem als letzter Zufluchtsort nur die Sprache blieb, spiegelt sich in den zerbrechlichen Bildern, zugleich aber belegen die Gedichte die Unversertheit, Kontinuität und vor allem die Authentizität eines inneren Lebens, das in all seinen bedeutenden Momenten erhalten bleibt.

Zwischenergebnis: Literarische Werke können Quellen für Medizinhistoriographie sein, zugleich erfüllen sie eine wichtige Funktion für Medizin an sich, nicht zuletzt da in literarischen Werken Alltägliches in der Medizin sowie mancher Missstand kritisch aufgezeigt wird – erinnert sei hier noch einmal an die sogenannte genuine Funktion der literarisierten Medizin. Schließlich bietet die Repräsentation von Medizin in Literatur für alle Menschen die Möglichkeit, sich mit Gesundheit, Krankheit und Tod auseinanderzusetzen.

Dies zeigt Sarah Polley 2006 in *Away From Her* (*An ihrer Seite*), der filmischen Bearbeitung einer Kurzgeschichte *The Bear Came over the Mountain* von Alice Munros (vgl. zu *Away From Her*, aber auch darüber hinaus zur Alzheimer-Thematik im Film die Ausführungen bei Wulff 2008): Fiona und Grant sind seit 44 Jahren glücklich verheiratet, bis Fiona an einer Alzheimer-Demenz erkrankt, zunehmend desorientiert ist und sich infolge dessen dafür entscheidet, in ein Pflegeheim zu ziehen. Polley hat keine Chronik der Erkrankung vorgelegt, sondern eine Angehörigengeschichte verfilmt, die damit einsetzt, dass Fiona in nur vier Wochen ihre Ehe mit Grant vergisst. Es sind einfühlsame Bilder der Trennung entstanden, die deutlich machen, dass die Kraft der Liebe von der Kraft der Erinnerung abhängt. Ein Vergleich aus der aktuellen Tagesberichterstattung kann dieses mediale Beispiel ergänzen: Es werden kritische Stimmen laut, die den Umgang mit der Demenz-Erkrankung von Walter Jens durch seine Familie kommentieren. Seine Frau Inge hat hierzu ein Interview im *Stern* (Heft 15, 2008) gegeben und auch aktuelle Bilder von Walter Jens veröffentlichen lassen. Inge Jens äußert sich dahingehend, dass die Krankheit ihren Mann Walter zu einem anderen Menschen hat werden lassen, der nicht mehr ihr Mann sei. Kritik wird an dieser Form des Präsentierens geübt, die nicht angemessen würdevoll geschehe. Was kann – auch auf dem Hintergrund dieser aktuellen Parallele – das Film-Beispiel zeigen? Eine mediale Inszenierung eines literarischen Werkes mit medizinischen Inhalten wie in *Away From Her* kann zu einem Reflexions- respektive Sensibilisierungsprozess im Umgang mit Gesundheit und Krankheit beitragen, der einen zentralen Stellenwert für ethische Urteilsprozesse hat. Insofern sollten in der medizinischen Aus-, Weiter- und Fortbildung literarische Werke eingesetzt werden, um durch literarische Darstellungsmöglichkeiten ein vertieftes und ethisch sensibles Verständnis für Krankheit und Kranksein zu vermitteln. Genau an dieser Stelle setzt auch eine sogenannte Narrative Medizin ein: Beispielsweise können in literarischen Werken Krankheitsbeschreibungen gefunden werden, die das psychopathologische Beschreibungs- und Verständnisvermögen verbessern, damit zu einer Stärkung der Empathiekompetenz beitragen und nicht zuletzt dazu beitragen, ein guter Arzt zu sein. Während beispielsweise in den USA eine gute medizinische Fakultät – auch aus den hier geschilderten Gründen – großen Wert auf Medical Humanities legt, haben wir gerade in Deutschland immer wieder starke Legitimationsbedürfnisse, den Bereich Geschichte, Theorie und Ethik der Medizin zu rechtfertigen. Insofern verwundert es nicht, dass zum Beispiel so vorbildliche Textbücher wie *Teaching Literature and Medicine* (Hunsaker Hawkins und Chandler McEntyre 2000), in denen beispielhaft Kursmodule vorgestellt und zentrale Themen des Schnittstellenbereiches für die Lehre (unter anderem mit Beigabe weiterführender Informationen) aufbereitet werden, ihresgleichen in Deutschland – aber auch weitgehend in Europa – suchen.

An dieser Stelle zeigt sich auch die besondere Bedeutung von Ärzten als Literaten als einer idealen Symbiose. Marcel Reich-Ranicki spricht davon, dass sich die Ärzteschaft wie kein anderer Berufsstand um die deutsche Literatur verdient gemacht hat. Das ist ein großes Lob vom verdienten Literaturkritiker. Man mag nun gleich einwenden, dass es auch Gegenstimmen gibt: Denn wie ideal der einzelne Arzt respektive Literat diese Symbiose zum Teil selbst empfinden konnte, kann man beispielsweise den Worten Alfred Döblins entnehmen: »Ich bin Arzt und habe eine große Abneigung gegen Literatur.« Doch wie man auch immer diese Feststellung interpretieren darf (auch psychodynamische Überlegungen könnten hier sinnvoll sein), sicherlich darf man für viele Ärzte festhalten, dass ihr erlernter Beruf notwendiges Übel zum Lebenserhalt war und dass sie am liebsten schrieben, wie dies Volker Klimpel in seinem *Lexikon fremdsprachiger Schriftsteller-Ärzte* (2006) zu Recht feststellt. Und zweifelsohne hat Literatur für die Darstellbarkeit medizinischer Sachverhalte großes Potenzial. So übt der sogenannte Übertreibungskünstler in Thomas Bernhards *Wittgensteins Neffe* (1982) an der psychopathologischen Terminologie und Klassifikation scharfe Kritik:

An dieser sogenannten Geisteskrankheit hat sich die Hilflosigkeit der Ärzte und der medizinischen Wissenschaft insgesamt auf das deprimierendste bewiesen (...) [es hat, B.v.J. u. F.St.] immer wieder die aufregendsten Bezeichnungen gegeben, aber naturgemäß niemals die richtige, weil sie dazu nicht befähigt war in ihrer Kopflosigkeit (...) [weil es, B.v.J. u. F.St.] für diese wie für alle anderen Krankheiten auch, keine richtige Bezeichnung gibt, sondern immer nur falsche (...).

Und eben hiervon zeugt die Literatur als versierte Kennerin der »Irren«, »Geisteskranken« und »Irrenhäuser«. In eben diesem – sich gegenseitig so bereichernden Sinn – haben der Literaturwissenschaftler Gerhard Köpf und der Münchner Ordinarius für Psychiatrie Hans-Jürgen Möller im Jahr 2006 die *ICD-10 literarisch* vorgelegt, *[e]in Lesebuch für die Psychiatrie*, in dem unter den neun großen Kategorien der ICD-10 Kapitel V Buchstabe F jeweils ausgewählte literarische Beispiele präsentiert werden. Unter der Kategorie »F2: Schizophrenie, schizotype und wahnhafte Störungen« findet sich beispielsweise das Kapitel »In einem Netz von Linien, die sich verknoten« aus Italo Calvinos (1923 – 1985) Roman *Wenn ein Reisender in der Winternacht* (1989; it. 1979: *Se una notte d'inverno un viaggiatore*). Calvino schildert, wie sich ein amerikanischer Professor auf einer Feier einer Studentin annähert. Seitdem hat er das Gefühl, dass andere davon wissen und sein Verhalten missbilligen. Vor dem Hintergrund solider Psychopathologiekenntnisse beschreibt Calvino dabei mit der Figur des Professors eine Erkrankung aus dem schizophrenen Formenkreis. Dort heißt es zum Beispiel:

Als ersten Eindruck müsste das Buch vermitteln, was ich empfinde, wenn ich ein Telefon klingeln höre. Ich sage ›müsste‹, weil ich bezweifle, dass geschriebene Worte auch nur einen Bruchteil davon wiedergeben können: Es genügt keineswegs zu erklären, dass meine Reaktion eine Ablehnung ist, eine Flucht vor diesem aggressiven und bedrohlichen Rufen, aber auch ein Gefühl von Dringlichkeit, von unerträglichem Druck, ja von Nötigung, das mich drängt, dem Befehl des Klingeltons zu gehorchen und hinzustürzen, um zu antworten, selbst wenn ich sicher bin, dadurch nichts als Unannehmlichkeiten und Ärger zu bekommen. (...) Oder auch auf der Straße, wenn ich unterwegs bin und höre Telefone in fremden Häusern klingeln; sogar wenn ich in fremden Städten bin, in Städten, wo niemand von meiner Anwesenheit weiß, sogar dann denke ich, wenn ich's irgendwo klingeln höre, für den Bruchteil einer Sekunde, der Anruf könnte für mich sein (...), und dauernd höre ich irgendwo ein Telefon klingeln (...) und denke: ›Da ist ein Anruf, der mich verfolgt, da sucht sich jemand im Straßenverzeichnis alle Nummern der Chestnut Lane raus und ruft ein Haus nach dem anderen an, um zu sehen wo er mich erreicht‹.

Hieran anknüpfend kann als der wichtigste Nutzen von Literatur für den Psychiater bestimmt werden – und es sind hier Worte von Hans-Jürgen Möller zitiert (Köpf und Möller 2006: 19) –,

> dass er sich mit der zum Teil subtilen bzw. sensiblen Darstellung psychia-
> trischer Symptome bzw. der möglichen Ursachen psychiatrischer Erkran-
> kungen in der Literatur beschäftigt und dadurch seine eigene Sensibilität für
> die psychischen Veränderungen seiner Patienten und sein Einfühlungsver-
> mögen im Hinblick auf mögliche Verursachungen verbessert.

Der Literat unterwirft sich dabei freilich nicht operationalisierten Klassifi-
kationssystemen, sondern nutzt sein kreatives Potenzial des Beschreibens.
Insofern wird verständlich, wenn Ärzteliteratur respektive ästhetisierte medizinische Literatur bisweilen sogar pathologische Sachverhalte griffiger
darzustellen vermag, immerhin haben bereits Kurt Schneider (1887–1967)
und Viktor von Weizsäcker (1886–1957) die Bedeutung der Literatur für die
Psychopathologie gesehen: Phänomene, die nicht mit einem naturwissenschaftlichen Bild vom Menschen fassbar sind, können durch das ästhetische
Potenzial der Künste, und insbesondere über das »Erzählen« (in) der Literatur, aufgefangen werden; darauf spielte auch der schon genannte Übertreibungskünstler bei Bernhard an.

Das Potenzial der Fassbarkeit psychopathologischer Phänomene und die
Möglichkeit des Sich-Einfühlens in solche durch literarische, also mediale
Formen sollen ausführlicher am Beispiel von Suchterfahrungen verdeutlicht
werden: Dies bietet sich bei der Sucht insofern umso mehr an, als diese sogenannte heimliche Krankheit bis heute nur schwer zu definieren ist, und es
gerade hier geboten ist, die Funktion von Literatur als Beitrag zum psychopathologischen Beschreiben, Einfühlen und Verstehen herauszustellen.

Ausgangspunkt aller psychotherapeutischen Verfahren aber auch des Er-
lebens des gesunden wie auch kranken Menschen sind die Wahrnehmung,
Bewusstwerdung und teils Überwindung von Differenzen. Die Erfahrung von
Differenz und die Konstitution von Selbst wird bereits an Fragen von Ge-
schlechterdifferenz, fremd und eigen oder gesund und krank breit diskutiert.
Differenzen zu erfassen steht dabei in unmittelbarem Zusammenhang mit der
Forschungsdiskussion um Identitäten und Alteritäten. Dabei ist die Frage der
Normierung und der Normabweichung (Hess 2000) gerade im Kontext von
Kranksein ein wichtiger Gesichtspunkt. Als Kranksein wird auch psychisch
Anderssein verstanden. Dass psychisch Anderssein in einem näher zu be-
stimmenden Verhältnis zu Personsein und Identität steht, kann an dieser Stelle
nur konstatiert werden (Steger und Seidel 2007).

Im Folgenden werden die Erfahrung von Differenz und die Konstitution
von Selbst mit Beispielen von Wahrnehmungen der Suchterfahrungen in
medialen Repräsentationen eng geführt (vgl. Steger 2003a und 2003b). Drei
Beispiele, auf die im Verlauf der weiteren Ausführungen wieder zurückzu-

kommen ist, machen dies deutlich. Es geht um Alkohol, Spielsucht und sogenannte harte Drogen.

> Ich habe natürlich nicht immer getrunken, es ist sogar nicht sehr lange her,
> daß ich mit Trinken angefangen habe. Früher ekelte ich mich vor Alkohol;
> allenfalls trank ich mal ein Glas Bier. Wein schmeckte mir sauer, und der
> Geruch von Schnaps machte mich krank. Aber dann kam eine Zeit, da es mir
> schlecht zu gehen anfing. (Fallada, *Der Trinker* 1995: 7)

> ›Aber jetzt müssen Sie allein gegen ihn spielen!‹ (…) Der Fremde, der
> merkwürdigerweise noch immer angestrengt auf das schon abgeräumte
> Schachbrett starrte, schrak auf, da er alle Blicke auf sich gerichtet und sich so
> begeistert angesprochen fühlte. (…) ›Auf keinen Fall, meine Herren‹, stam-
> melte er sichtlich betroffen. ›Das ist völlig ausgeschlossen (…)‹ (Zweig,
> *Schachnovelle* 1992: 42 f.)

> Ja, aber das ist doch n Scheißleben, Mann. Is doch eigentlich überhaupt kein
> Leben, oder? Wenn de krank bis, Mann (…) das ist doch das letzte vom letzten
> (…) die Knochen tun einem weh (…) das Gift, Mann, das reine Gift (…)
> Erzähl mir bloß nich, das willste alles wiederhaben, das is doch totaler
> Blödsinn. (Welsh, *Trainspotting* 1999: 153)

In den abgedruckten Textzitaten werden exemplarisch Suchterfahrungen
wiedergegeben, die im Kontext von psychischem Eigen- und Fremderleben
stehen, die von Erfahrungen mit der Psychiatrie als Institution geprägt sind
und die es sich insbesondere dann, wenn man die öffentliche Wahrnehmung
einbezieht, näher zu untersuchen lohnt. Es werden an diesen Beispielen in
exemplarischer Weise Differenzen deutlich, die sich als maßgeblich für die
Selbstkonstitution erweisen. Die anschließenden Ausführungen setzen hier
an.

Es wird davon ausgegangen, dass mediale Repräsentationen von Sucht den
Blick frei auf den Menschen als Kulturwesen machen, der jenseits biologischer
Marker soziokulturell gebunden ist (Roelcke 2002). Durch Vermittlung der
Medien werden psychopathologische Phänomene mittels der Wirkkraft der
Ästhetik in eigenen Dimensionen fassbar, und die Bedeutung der interindi-
viduellen Ausprägung menschlicher Subjektivität wird hierdurch aufgewertet.
Die definitorischen Unzulänglichkeiten der Bestimmung von Sucht und ihre
Beschreibung als »heimliche Krankheit« machen darauf aufmerksam, dass
jenseits statistischer Erhebungen und biochemischer Parameter die Sucht von
vielschichtigen Mustern und Motiven geprägt ist. Anhand verschiedener
Formen der Darstellbarkeit von Sucht in literarischen Texten und im Film wird
im Vergleich literarischer und medialer Darstellungen (Hans Fallada *Der
Trinker*, Stefan Zweig *Schachnovelle* und Irvine Welsh *Trainspotting*) auf das
Potenzial solcher Repräsentationen für die Beschreibung psychopathologischer Phänomene verwiesen. Damit wird deutlich, dass durch das Beschreibungsinventar kulturwissenschaftlicher Methodik Grenzen biowissenschaft-

licher Beschreibbarkeit des Menschen und insbesondere psychopathologischer Phänomene überwunden und somit diese Leerstellen produktiv gefüllt werden.

Die mediale Repräsentation von Sucht vollzieht sich allererst in den öffentlichen Medien, und dies geschieht Tag für Tag in einem zu rekonstruierenden Wahrnehmungsprozess. Ganz allgemein gilt dies für den gesamten Bereich der Psychiatrie (Faust und Hole 1983, Hoffmann-Richter 2000, Lungershausen 1988). In medialen Repräsentationen wird die gesellschaftliche Wahrnehmung der Psychiatrie wiedergegeben. Wie sehr das öffentliche Bild hiervon geprägt ist, konnte in zahlreichen Einzelstudien gezeigt werden (Finzen 2000). Hierbei sind es sowohl die als sachlich eingestuften Meldungen der Nachrichtenberichterstattung als auch die fiktionalen Darstellungsformen, welche das öffentliche Bild von Psychiatrie prägen. Dementsprechend sind solche Medien als Seismograph gesellschaftlicher Einstellungen und Haltungen zu werten. In Tageszeitungen, Zeitschriften, im Internet, Fernsehen und Radio wird verstärkt über Jugendliche mit Drogenproblemen berichtet und dabei beklagt, dass diese Probleme in ihrer Ernsthaftigkeit von der Gesellschaft nicht erkannt werden. Den öffentlichen Medien ist zu entnehmen, wie die alltägliche Erfahrung mit der Sucht aussieht, wie die Gesellschaft mit ihr umgeht, welche Probleme erkannt, als dringlich und als gesellschaftlich (mit)verursacht eingestuft werden. Die moderne Gesellschaft ist multimedial geprägt, und insofern ist es für eine Beschreibung gesellschaftlicher Wertehaltung bezüglich des öffentlichen Umgangs mit Medizin und Ethik wichtig und aufschlussreich, mediale Repräsentationen zu analysieren (Maio 2000, 2001a und 2001b). Die Symbolwelt der Medien kann in ihrer fiktionalen Form Sprachrohr und Darstellungsmöglichkeit von real Unaussprechbarem und Undarstellbarem sein. Dies kann parallel zur Unfassbarkeit des Menschen durch biologische Parameter gesehen werden, wie es vor allem für psychopathologische Phänomene zutrifft. In medialen Repräsentationen werden dem Menschen durch die Wirkkraft der Ästhetik Dimensionen eröffnet, die mit einem naturwissenschaftlichen Bild vom Menschen als biologischem System nicht fassbar sind. Das trifft auch auf die Sucht zu, für die es in der modernen Medizin keine umfassende Definition gibt. Im Fall der Sucht bietet es sich geradezu an, mit Hilfe medialer Repräsentationen bei der Erfassung und Bewertung psychischer Phänomene auf die Bedeutsamkeit der Heterogenität und Individualität aufmerksam zu machen: Es geht hierbei insbesondere um eine Aufwertung des Subjekts.

Ein kurzer Rückblick soll einen Eindruck von den realen Verhältnissen in den Jahren 2002 respektive 2003 exemplarisch aufzeigen: In der Wochenzeitschrift *Die Zeit* (Wiarda 2002) wurde von einem ungehemmten und exzessiven Alkoholkonsum unter amerikanischen College-Studierenden berichtet. *Der Spiegel* ging hierauf (Anonym 2003) unter Bezugnahme auf dieselbe Untersuchung des National Institute on Alcohol Abuse and Alcoholism (NIAAA) ebenfalls ein: 44 % der 12 Millionen amerikanischen Studierenden sind exzessive Alkohol-Konsumenten (NIAAA 2003). Der Verfasser des *Spiegel*-Artikels kommt zu dem Schluss, dass sich der Vollrausch als ein »Hauptfach« etabliert habe, und im Bericht der NIAAA ist von einer Kultur des Trinkens die Rede: »The tradition of drinking has developed into a kind of culture – beliefs and customs – entrenched in every level of college students' environments« (NIAAA 2003: 1). Es stellt sich die Frage, ob die europäische Situation, wie dies immer wieder behauptet wird, wirklich entspannter ist. Unter Berufung auf die EU-Agentur für Drogen in Lissabon berichtet *Der Spiegel* (Sontheimer 2003) von Großbritannien als »Europameister« im Konsum von Rauschmitteln: 29 % aller britischen Schüler unter 16 Jahren haben bereits einmal Cannabis ausprobiert, und es ist, je weiter man in den Norden des Landes kommt, ein zunehmender und exzessiver Genuss von sogenannten harten Drogen nachweisbar. Für Deutschland geben die epidemiologischen Zahlen 5–7% der Bevölkerung als drogenabhängig an. 2,5 bis 3 Millionen bundesdeutsche Bürger sind alkoholabhängig, davon etwa 500 000 Kinder und Jugendliche im Alter von 12 bis 21 Jahren. Die Alkoholabhängigkeit ist bei Männern die häufigste psychische Störung. Etwa 1 Million bundesdeutsche Bürger sind abhängig von Medikamenten, ungefähr 150 000 sind drogenabhängig, ca. 160 000 sind therapiebedürftige Glücksspieler. Die aktuellen Zahlen sind nicht besser. Es handelt sich um ein bedeutendes sozialmedizinisches Problem, bedenkt man neben den sozial einschneidenden Problemfeldern wie Fehlzeiten, Arbeitslosigkeit, Unfälle, Straftaten oder familiäre Spannungen die Folgeerkrankungen des Alkoholkonsums wie Intoxikationen, Entzugssyndrome, Delir und körperliche Folgeschäden. Nach einem Bericht der *Ärzte Zeitung* in ihrer Ausgabe vom 10.1.2003 (HL 2003) will sich die Deutsche Hauptstelle für Suchtfragen e.V. (www.dhs.de, abgerufen 30.8.2008) angesichts der Häufigkeit eines besorgniserregenden Konsums von Alkohol, Drogen und Zigaretten bei Kindern und Jugendlichen schwerpunktmäßig dem Thema »Jugend und Sucht« widmen (Deutsche Hauptstelle für Suchtfragen 2002). Auch in Deutschland nehmen Trinkexzesse Jugendlicher zu, ein Drittel der Jugendlichen trinkt mindestens einmal, 11 % trinken mehrmals in der Woche Alkohol. Der Raucheranteil bei den 12- bis 15-jährigen ist 2001 auf 18 % gestiegen (1991: 15 %), bei den Mädchen sogar auf 21 % (1991: 12 %). Mindestens einmal in ihrem bisherigen Leben haben 27 % der 12- bis 25-jährigen illegale Drogen zu sich genommen. Wie die Deutsche Hauptstelle für Sucht e.V. (Hamm) in ihrem Jahrbuch *Sucht* 2003 (Deutsche Hauptstelle für Suchtfragen) darstellt und wie davon die *Ärzte Zeitung* (20.1.2003) berichtet (sul 2003), stellen legale Drogen (Nikotin, Alkohol) in Deutschland die häufigsten Suchtmittel dar. Die gesundheitlichen Folgen von Nikotin- und Alkoholkonsum sind gravierender als Konsequenzen, die sich aus dem Missbrauch von Medikamenten (6–8% aller verordneter Arzneimittel besitzen ein Missbrauchs- und Abhängigkeitspotenzial) und die Einnahme illegaler Drogen ergeben: 140 000 Menschen sterben jährlich an den Folgeerscheinungen des Tabakkonsums, 73 000 Todesfälle stehen in Verbindung mit Alkohol.

Die Sucht wird von der Forschung als eine »heimliche Krankheit« charakterisiert. Die Ätiologie der Suchterkrankungen wird heute noch nicht vollständig verstanden. Insbesondere die pathobiochemischen Korrelate ergeben kein einheitliches Bild (Wiesemann 2000). Bisher konnte kein spezifischer »Suchtmechanismus« gefunden werden. Bei Erklärungsversuchen wird eine triebhafte psychische Fehlentwicklung angenommen, die zu einer zwanghaften Abhängigkeit von einer schädlichen Bedürfnisbefriedigung führt, die nicht durch Willensanstrengung und Vernunftgründe einzudämmen ist (Virt 2000). In der Medizin wird dennoch versucht, eine nähere Differenzierung der heterogenen Suchterkrankungen durch die Einteilung in verschiedene Suchttypen nach chemischen Substanzen zu erreichen. Die WHO führte 1964 den Begriff der »drug dependence« ein. Die Einteilung der Suchterkrankungen erfolgt nach Substanzen und Suchtmitteln. Dieser Begriff von Abhängigkeit, charakterisiert durch Toleranzentwicklung, Dosissteigerung sowie Entzugssymptomen bei Abstinenz, ferner fortgesetztem Substanzkonsum trotz negativer körperlicher, beruflicher und sozialer Folgen, hat bis heute (ICD-10 wie DSM-IV) seine Gültigkeit für Suchtphänomene beibehalten (Soyka 2003), konnte bisher jedoch nicht die Vorstellung von einer Krankheit »Sucht« ablösen, die mehr als die Summe ihrer Einzelaspekte darstellt und damit »heimlich« bleibt. Bei aller Vielschichtigkeit sind der Sucht, die von einem dominierenden Verlangen oder zwanghaften Bedürfnis und Angewiesensein auf bestimmte Substanzen (sogenannte psychische Abhängigkeit) unter Inkaufnahme negativer Folgen (hierzu zählt auch die sogenannte körperliche Abhängigkeit) geprägt ist, gemeinsam: Kontrollverlust, Zwang zur Einnahme oder »craving«, Toleranzbildung mit Dosissteigerung und Entzugserscheinungen. Es kommt zur Veränderung bestimmter Persönlichkeitsmerkmale. Früher nahm man Persönlichkeitseigenschaften an, die angeblich zur Sucht disponieren. Hierfür entstanden Konstrukte wie die süchtige Fehlhaltung und die oral-kaptative Fixierung; doch ist eine typische Persönlichkeitsstruktur bisher nicht beschrieben worden. In der ICD-10 wird zwischen stoffgebundener (Genussmittel, Alkohol, Medikamente, Drogen, Tabak unter anderem) und nicht-stoffgebundener Abhängigkeit (Spielsucht, Arbeitssucht, Sammelsucht, Kleptomanie, Poriomanie, Pyromanie etc., die nach ICD-10 alle zu den abnormen Gewohnheiten und Störungen der Impulskontrolle gezählt werden) unterschieden. Die Beschreibung nicht-stoffgebundener Abhängigkeit erfolgt nach ICD-10 unter dem Stichwort »abnorme Gewohnheiten und Störungen der Impulskontrolle«. Das Spektrum der Sucht reicht von Alkohol, Opiaten, Tranquilizern und Nikotin, Koffein bis hin zu Schokolade, umfasst die Arbeits-, Sport-, Internet-, Sex- und Spielsucht. Süchtig ist beinahe jeder, der unter Vernachlässigung von Interessen und Beziehungen einer einzigen Leidenschaft frönt. Der Konsum des Suchtmittels respektive die Ausführung des süchtigen Verhaltens führt zu einer unmittelbaren Befriedigung, hat aber langfristig negative bis verheerende Auswirkungen.

Einzelne Genussmittel (Schivelbusch 2002), aber auch Süchte selbst sind beliebte Themen literarischer Darstellungen. In poetischen Texten lassen sich mediale Repräsentationen von Sucht beispielsweise an Störungen durch und Suchterfahrungen mit Alkohol analysieren, wie dies für Hans Falladas (1893 – 1947) Roman *Der Trinker* (1950) zutrifft (Jürss 1985 und 1995). Hier gerät der Protagonist Erwin Sommer in den 1920er Jahren in die ihn umschlingenden Fänge und fest zupackenden Arme des Alkohols. Der Schnaps erweist sich stets als bester Tröster seines Schmerzes (Fallada 1995: 81):

> Als ich aber darüber nachdachte, dass ich hier bei meinem eigenen Haus fünf Meter von meiner eigenen Frau als ein mittelloser Fremdling in der Nacht stand, seit einer Woche nicht mehr gewaschen und rasiert, da überkam mich ein solches Mitleid mit mir selbst, dass ich in bittere Tränen ausbrach. Ich weinte lange und schmerzlich, am liebsten wäre ich zu Magda ins Zimmer gedrungen und hätte mich von ihr trösten lassen. Schließlich erwies sich aber auch hier der Schnaps als der beste Tröster, ich trank lange und sehr viel. Mein Schmerz beruhigte sich.

Vorweg ist festzuhalten, dass die wissenschaftliche Beschäftigung mit Hans Falladas Œuvre weitgehend am Anfang steht (Müller-Waldeck 1995) und ein Teil seines Werks bis heute nicht ediert und nur im Archiv einsehbar ist.

Hans Fallada selbst ist wegen Drogenbeschaffungskriminalität belangt worden, so dass eine autobiografische Lektüre von Teilen seiner Werke prima facie nahe zu liegen scheint. Man denke hier an Suchtdarstellungen in seinen späten Romanen *Der Trinker* (1944) oder *Der Alpdruck* (1947), an Schilderungen rauschhaften Erlebens beim Schreibprozess in *Wie ich Schriftsteller wurde* (1946) oder an Beschreibungen von Wahnvorstellungen und Entzugssymptomatik eines von Morphium und Kokain Abhängigen in *Der tödliche Rausch. Sachlicher Bericht über das Glück, ein Morphinist zu sein* (Anfang der 1920er Jahre). Nahezu sein gesamtes Werk ist von Suchtdarstellungen durchzogen.

Doch hat man im Rahmen literaturwissenschaftlicher Methodologie zu Recht davor gewarnt, allzu schnell und unvorsichtig in fiktionalen Texten autobiografische Züge entdecken zu wollen. Was Hans Fallada angeht, hat sich hierzu Gunnar Müller-Waldeck, der auch die erste internationale Hans-Fallada-Konferenz in Greifswald (10.6.–13.6.1993) durchführte, kritisch geäußert (Müller-Waldeck 1995: 10):

> War das nicht ein Mann, der lediglich seine Neurosen zu Papier gebracht und daraus Bücher entwickelt hat? Ich denke, die Warnung vor solchem Denkmodell kann nicht kräftig genug ausfallen: Die Kompliziertheit der vielfältigen Vermittlungen zwischen Biographie und literarischem Schaffen ist eminent – generell und bei jedem Autor natürlich – und gehört zu den riskantesten Forschungsfeldern überhaupt.

Müller-Waldeck postuliert also einen behutsamen Umgang mit einem etwai-
gen autobiografischen Zugang zu Falladas Werk. Müller-Waldeck geht auch
auf die Forschungsfelder und -perspektiven der Fallada-Forschung ein (vgl.
auch Zachau 1995). Die Forschung hat sich vornehmlich auf Fragen der Ver-
gangenheitsbewältigung mit dem Nationalsozialismus konzentriert. Im
Westen hat man sich im Allgemeinen nur wenig für Fallada interessiert, zu
sehr wurden seine Person und sein Werk mit dem Kommunismus verbunden.
Erst spät schenkte die Forschung der Rolle des Individuums in der Gesellschaft Aufmerksamkeit; gerade an diesem Punkt und in dieser Richtung
weiterzuarbeiten, scheint lohnenswert zu sein. Schließlich stellt Müller-Waldeck als zentrale Aufgabe der Fallada-Forschung heraus, eine nähere Bestimmung der spezifischen Ästhetik von Falladas Schreiben zu erörtern
(Müller-Waldeck 1995: 19):

> Mir drängt sich der Verdacht auf, jenes allgemein als ›kleinbürgerlich‹ bei ihm
> dingfest gemachte Moment ist vielleicht in erster Linie als literarisch utopi-
> sches Element zu ergründen: Jeder Held ein individueller Kosmos für sich,
> mit gewisser (hineinprojizierter) Autonomie als Programm gegen die zer-
> klüftete Welt gestellt, ein Robinson auf autonom verwalteter Insel, ein Self-
> mademan.

Der Protagonist in Falladas Roman *Der Trinker,* Erwin Sommer, einst ein
geachteter Kaufmann und ehrbarer Bürger, kommt von seinen Sorgen, die er
mit Alkohol zu »ersaufen« sucht, in die »totale« Kontrolle des Staates – vom
Gefängnis in die geschlossene Anstalt. Es wird im Roman ein Alltagsbild von
Psychiatrie als Ordnungsmacht entworfen, das von Ängsten und Abwehrre-
aktionen geprägt ist (Fallada 1995: 148):

> Was wollen Sie jetzt zu Haus? Sie würden mit Ihrer Frau Streit anfangen, Sie
> würden wieder zu trinken anfangen. Nein, Herr Sommer, erst müssen Sie
> wieder richtig gesund werden. Ich werde Sie erst einmal in eine Heil- und
> Pflegeanstalt einweisen, da werden Sie unter ärztlicher Betreuung stehen und
> richtig gesund werden.

Im Roman dominiert die zeitgenössische gesellschaftliche Auffassung von der
Psychiatrie als Institution der »totalen Überwachung«, der Oppression des
Subjekts, wie sie Michel Foucault beschrieben hat und wie sie vor allem mit der
antipsychiatrischen Bewegung in starke Kritik geraten ist. Foucault wurde für
sein historisch-philosophisches Herangehen, mit dem er Diagnosen der Gegenwart gewagt hat, vielfach gescholten. Die deutsche Geschichtswissenschaft
nahm ihm gegenüber regelrecht eine Verweigerungshaltung ein. Bis in die
1990er Jahre hat es gebraucht, dass Foucault überhaupt von dieser beachtet
wurde (Martschukat 2002). Nun hat er zunehmend Konjunktur. Markanter-
weise wurde seine Perspektive schon wesentlich früher von der Medizingeschichte, vor allem dann, wenn es um die Psychiatriegeschichte ging, entdeckt
(Leibbrand 1964). Doch auch hier finden sich Schelte, die vornehmlich die

sozial disziplinierende Grundthese Foucaults zum Gegenstand haben, eine Machtkonzeption, die das Individuum perfektionieren und die Bevölkerung regulieren möchte, bis in das medizinische Versuchslabor hinein (Breuer 1986, Pethes 2003b).

Fallada bestätigt die klischeehaft wirkenden Vorstellungsmuster von einer Psychiatrie als Ordnungsmacht, wenn Sommer sagt (Fallada 1995: 255):

> Ja, ich war nun wirklich eingereiht und gehörte dazu, und wenn ich die Wahrheit gestehen soll, fühlte ich mich nach den ersten Wochen der Einge-wöhnung nicht einmal so schlecht. Ich hatte mich an Hungern und ständigen Streit, an schlechte Luft und Schweinsbeulen gewöhnt, viele meiner Kame-raden, die ganz unausgiebig und stumpf waren, sah ich gar nicht mehr. Ich gehörte dazu, und doch gehörte ich nicht dazu, ich war nur ›vorläufig un-tergebracht‹, und später war ich sogar nur ›zur Begutachtung‹ untergebracht.

Sommer gerät im System, in der psychiatrischen Situation und in den Bildern und Phantasien seiner Krankheit, zunehmend in eine stark ausgeprägte Krise. Als sich Sommers Frau von ihm scheiden lässt und er seine Träume vom Draußen, die er sich immer wieder gemacht hatte, verliert, nutzt er die erste Gelegenheit und trinkt aus einer »helle[n] Flasche mit dem Etikett: ‚Alkohol 95 %'« (Fallada 1995: 284). Er gibt dem sozialen Druck nach, indem er sich dem starken Bedürfnis des Alkoholkonsums hingibt, der ihm in seiner Erin-nerung schon mehrfach über soziale Enttäuschungen hinweggeholfen hat. Der Griff zur Flasche, das wiederholte Konsumieren von Alkohol, ist zugleich sein individuelles und autonomes Ende. Er wird geschieden, entmündigt, verwahrt (Fallada 1995: 284f.):

> Es hat keinen Termin meinetwegen gegeben. Das Verfahren gegen mich wurde mit Paragraph 51 eingestellt und meine dauernde Unterbringung in einer Heil- und Pflegeanstalt verfügt. Einen Scheidungstermin gab es wohl, aber ich brauchte zu ihm nicht zu erscheinen, damals war ich schon entmündigt.

Sommer ist vollkommen desillusioniert, er hat seine Träume verloren, seine Ideale aufgegeben. Er ist durch den Alkohol, der ihn stigmatisiert, zu dem geworden, was das System und die Institution aus ihm werden lassen wollten: Ein soziales Wrack, das vom System verwahrt wird und freiheitlicher Rechte beraubt ist. Auch der Suizid scheint dem Protagonisten in dieser Situation kein Ausweg zu sein (Fallada 1995: 285):

> Was geht mich die Welt draußen noch an? Es ist mir alles gleichgültig ge-worden, ich bin ein alternder, abscheulich aussehender Bürstenmacher, mittlerer Arbeitsleistung, geisteskrank. Die Zeiten der ersten tobenden Ver-zweiflung sind längst vorbei, schon längst habe ich es aufgegeben, meinen Arm unter das Schneidemesser zu legen und zu versuchen, ob ich nicht vielleicht doch eine Minute meines Lebens mutig bin. Ich weiß, jede einzelne

Sekunde meines Lebens war ich ein Feigling, bin ich ein Feigling, werde ich ein Feigling sein. Umsonst, auf etwas anderes zu warten.

Einige Jahre vor Falladas *Der Trinker* erscheint Stefan Zweigs (1881 – 1942) berühmt gewordene *Schachnovelle* (1943), in der ebenfalls eine Ausprägung der Sucht, ein Spieltrieb, der zur Spielsucht wird, literarisch umgesetzt wird. Keinesfalls sollte man meinen, dass die Spielsucht weniger gefährlich als die Alkoholkrankheit ist.

Stefan Zweig hat mit seiner *Schachnovelle* ein Meisterwerk literarischer Novellenkunst hinterlassen. Hier hat er eine unerhörte Begebenheit, die doch wahr erscheint, in straffer, sehr konzentrierter Form dargestellt – und dies im Aufbau dem Drama ähnlich. Ein krisenhafter Konflikt wird, dem typischen Dramenaufbau entsprechend, mit einem Wendepunkt dargestellt. Dabei wird einem Dingsymbol, das bildhaft die unerhörte Begebenheit stützt, besondere Bedeutung zugestanden: dem Schachbrett.

Die Vorgeschichte des Protagonisten wird in der Art einer Rückblende an späterer Stelle eingebunden. Dr. B. hat monatelang blind 150 Partien Schach gespielt, um sich – verhaftet von der Gestapo und in ein Hotelzimmer gesperrt – seine Widerstandskraft zu erhalten (Zweig 1992: 55 – 75):

> Man tat uns nichts – man stellte uns nur in das vollkommene Nichts, denn bekanntlich erzeugt kein Ding auf Erden solch einen Druck auf die menschliche Seele als das Nichts. Indem man uns jeden einzeln in ein völliges Vakuum sperrte, in ein Zimmer, das hermetisch von der Außenwelt abgeschlossen war, sollte, statt von außen durch Prügel und Kälte, jener Druck von innen erzeugt werden, der uns schließlich die Lippen aufsprengte. (…) Es gab nichts zu tun, nichts zu hören, nichts zu sehen, überall und ununterbrochen war um einen das Nichts, die völlig raumlose und zeitlose Leere. (…) In dieser äußersten Not ereignete sich nun etwas Unvorhergesehenes, was Rettung bot, Rettung zum mindesten für eine gewisse Zeit. (…) dieses mit so ungeheurer Gefahr erbeutete, mit so glühender Erwartung aufgesparte Buch war nichts anderes als ein Schachrepetitorium, eine Sammlung von hundertfünfzig Meisterpartien. (…) Vielleicht, überlegte ich, könnte ich mir in meiner Zelle eine Art Schachbrett konstruieren und dann versuchen, diese Partien nachzuspielen. (…) Denn ich hatte mit einem Male eine Tätigkeit – eine sinnlose, eine zwecklose, wenn Sie wollen, aber doch eine, die das Nichts um mich zunichte machte, ich besaß mit den hundertfünfzig Turnierpartien eine wunderbare Waffe gegen die erdrückende Monotonie des Raumes und der Zeit. (…) Diese meine Glückszeit, da ich hundertfünfzig Partien jenes Buches Tag für Tag systematisch nachspielte, dauerte etwa zweieinhalb bis drei Monate.

Schließlich erkrankt Dr. B. in dieser Isolation schwer. Er leidet an heftigen, am Text nicht eindeutig zu fassenden, psychopathologischen Symptomen. Er steigert sich in sein Spiel: »Aus der Spielfreude war eine Spiellust geworden,

aus der Spiellust ein Spielzwang, eine Manie, eine frenetische Wut, die nicht
nur meine wachen Stunden, sondern allmählich auch meinen Schlaf durch-
drang« (Zweig 1992: 83). Es sind Erregungszustände beschrieben, die bei ihm
eine intensive Krise und schließlich seine Verlegung in ein Hospital zur Folge
haben (Zweig 1992: 90):

> Zwei Tage später erklärte mir der gütige Doktor ziemlich freimütig, was
> vorgefallen war. Der Wärter hatte mich in meiner Zelle laut schreien gehört
> und zunächst geglaubt, daß jemand eingedrungen sei, mit dem ich streite.
> Kaum er sich aber an der Tür gezeigt, hätte ich mich auf ihn gestürzt und ihn
> mit wilden Ausrufen angeschrien, die ähnlich klangen wie: »Zieh schon
> einmal, du Schuft, du Feigling!«, ihn bei der Gurgel zu fassen gesucht und
> schließlich so wild angefallen, daß er um Hilfe rufen mußte. Als man mich in
> meinem tollwütigen Zustand dann zur ärztlichen Untersuchung schleppte,
> hätte ich mich plötzlich losgerissen, auf das Fenster im Gang gestürzt, die
> Scheibe eingeschlagen und mir dabei die Hand zerschnitten – Sie sehen noch
> die tiefe Narbe hier. Die ersten Nächte im Hospital hatte ich in einer Art
> Gehirnfieber verbracht, aber jetzt finde er mein Sensorium völlig klar.
> »Freilich«, fügte er leise bei, »werde ich das lieber nicht den Herrschaften
> melden, sonst holt man Sie am Ende noch einmal dorthin zurück. Verlassen
> Sie sich auf mich, ich werde mein Bestes tun.

Auf einem Passagierdampfer von New York nach Buenos Aires, dem Ort des
Geschehens, stellt sich Dr. B. dem Schachweltmeister Mirko Czentovic, nachdem ein Millionär diesen herausgefordert hatte und das Spiel mit Dr. B.'s Hilfe in
einem Remis endete: »Nach etwa sieben Zügen sah Czentovic nach längerem
Nachdenken auf und erklärte: ,Remis'« (Zweig 1992: 41). Auch wenn Dr. B.
zunächst nicht will, und sich eine groteske Situation der Rechtfertigung, Aus-
flüchte und schließlich der Flucht ereignet, kommt es doch zum Spiel (Zweig
1992: 43):

> »Auf keinen Fall, meine Herren«, stammelte er sichtlich betroffen. »Das ist
> völlig ausgeschlossen (…) ich komme gar nicht in Betracht (…) ich habe seit
> zwanzig, nein, fünfundzwanzig Jahren vor keinem Schachbrett gesessen (…)
> und (…) und ich sehe erst jetzt, wie ungehörig ich mich betragen habe, indem
> ich mich ohne Ihre Verstattung in Ihr Spiel einmengte (…) Bitte, entschul-
> digen Sie meine Vordringlichkeit (…) ich will gewiß nicht weiter stören.«

Dr. B. erklärt sich zu einer Partie bereit, in der er Czentovic souverän schlägt.
Doch als er sich auf eine zweite Partie einlässt, schlägt erneut die Sucht zu, in
deren zupackende Arme er schon in der Isolierhaft geraten und an deren
Folgen er schwer erkrankt ist (Zweig 1992: 108):

> »Aber der König gehört doch auf f7 (…) er steht falsch, ganz falsch. Sie haben
> falsch gezogen! Alles steht ganz falsch auf diesem Brett (…) der Bauer gehört
> doch auf g5 und nicht auf g4 (…) das ist ja eine ganz andere Partie (…) Das ist

(…)« (…) »Was (…) was wollen Sie?« Ich sagte nichts als »Remember!« und
fuhr ihm gleichzeitig mit dem Finger über die Narbe seiner Hand. Er folgte
unwillkürlich meiner Bewegung, sein Auge starrte glasig auf den blutroten
Strich. Dann begann er plötzlich zu zittern, und ein Schauer lief über seinen
ganzen Körper. »Um Gottes willen«, flüsterte er mit blassen Lippen. »Habe ich
etwas Unsinniges gesagt oder getan (…) bin ich am Ende wieder (…)?«

Er bricht das Spiel ab, ohne es zu beenden. Er schwitzt und erinnert sich
schmerzhaft an sein Leiden, bevor er abbricht. Dr. B. erkennt, dass ihn der
Teufelskreis der Sucht, das starke Verlangen nach dem Stoff, nach dem Spiel,
trotz anfänglich eigener Bemühungen sich fernzuhalten, wieder gepackt hat.
Er bricht ab, verbeugt sich und verschwindet. Zusammenfassend können
Hans Falladas Roman *Der Trinker* und Stefan Zweigs *Schachnovelle* als zwei
Dokumente gelesen werden, in denen Suchterfahrungen, einmal der Alkohol,
einmal der Spieltrieb, die Spielsucht, geschildert werden, wie sie sonst selten
anzutreffen sind. Liest man die Texte mit diesem Fokus, wird einem eine
Introspektion gewährt, die in beiden Fällen ein beredtes Zeugnis individuell
äußerst unterschiedlich erlebter Sucht darstellt.

Auch in Ingeborg Bachmann Romanfragment *Der Fall Franza* sowie in
einigen Gedichten des aus dem Nachlass edierten Gedichtbandes *Ich weiß
keine bessere Welt* gehen Psychiatrie und Literatur ein enges Verhältnis miteinander ein. In *Der Fall Franza*, einem Romanfragment aus dem sogenannten
Todesarten-Zyklus, sieht sich ein weibliches Ich zunehmender psychischer
Zerstörung ausgesetzt (von Jagow 2003). Motivationen für dieses pathologische Erleben sind die Erfahrungen, die Franza, die Protagonistin, in ihrer Ehe
mit einem Psychoanalytiker gemacht hat, und die sie versucht, auf einer Reise
mit ihrem Bruder zu bewältigen. Letztlich kommt es aber nicht dazu und
Franza stirbt am Ende. Ihre Erfahrungen psychopathologischer Natur werden
dabei vor allem über ihren Körper verhandelt, der den Ort von individueller
und kollektiver Leidensgeschichte darstellt.

In analoger Struktur der Fragmente des *Todesarten-Zyklus* und von *Malina*
steht der Körper als Einschreibefläche persönlichen und kollektiven Unrechts
in einem Gedicht aus *Ich weiß keine bessere Welt* (Bachmann 2000: 60). Sein
Inhalt korrespondiert mit dem, was Franza in *Das Buch Franza* oder das Ich
aus *Malina*, insbesondere im Traum-Kapitel, durchleben:

> Nach vielen Jahren
>
> Nach viel erfahrenem Unrecht,
> beispiellosen Verbrechen rundum,
> und Unrecht, vor dem nach Recht
> schreien sinnlos wird.
>
> Nach vielen Jahren erst, alles
> Gewußt, alles erfahren,
> alles bekannt, geordnet, gebucht

jetzt erst geh ich da, lieg ich da,
von Stromstößen geschüttelt,
zitternd über das ganze Segeltuch
ganz Haut, nach keinem Ermessen,
in meinem Zelt Einsamkeit
heimgesucht von jeder Nadelspitze,
jeder Würgspur, jedem Druckmal,
ganz ein Körper, auf dem die Geschichte
und nicht die eigne, ausgetragen wird,
mit zerrauftem Haar und Schreien, die
am Bellevue die Polizei dem Krankenwagen
übergibt, auf Tragbahren geschnallt, im Regen,
von Spritzen betäubt, von Spritzen
ins Wachen geholt, ins Begreifen,
was doch niemand begreift.

Wie soll einer allein so viel erleiden können,
soviele Deportationen, soviel Staub, sooft hinabgestoßen
sooft gehäutet, lebendig verbrannt, sooft
geschunden, erschossen, vergast, wie soll einer
sich hinhalten in eine Raserei
die ihm fremd ist und der heult über eine erschlagene Fliege.

Soll ich aufhören, das zu sein, damit dies aufhört.
Soll ich die Qual mir abkürzen, mit 50 Nembutal,
soll ich, da ich niemand in die Hände falle,
aus allen Händen fallen, die morden

Die in den ersten drei Strophen beschriebenen Qualen könnten – im Kontext des Bachmannschen Werks – nationalsozialistische Folterpraktiken ansprechen und mit dem Satz »ganz ein Körper, auf dem die Geschichte/und nicht die eigne, ausgetragen wird« (Verse 16 f.) Bilder der Opfer aus den Vernichtungslagern aufrufen. Worte wie »Deportationen« (Vers 25) oder »vergast« (Vers 27) zitieren dies explizit. Mit der vierten und letzten Strophe führt sich ein lyrisches Ich ein und transferiert nachträglich das oben Beschriebene auf seinen eigenen Körper. Es spricht nicht irgendein Opfer, sondern ein konkretes Ich, das in der Welt nicht mehr leben kann und seine Mitmenschen als Mörder bezeichnet. Das Gedicht lässt in einer textimmanenten Interpretation keine Aussage darüber zu, ob es sich um real erlebte Qualen handelt, die Bachmann über die Figur des lyrischen Ich zum Ausdruck bringt. Im Vorwort des Bandes datieren Isolde Moser und Heinz Bachmann die Entstehung der Gedichte für die Jahre zwischen 1962 und 1964, einige auch später. Alle Gedichte des neuen Bandes gehörten bis 2000 zum gesperrten Nachlass und lagen in der Wiener Nationalbibliothek – sie gehörten also den Schriften und Texten an, welche die Herausgeber der Werkausgabe von 1978 (Christine

Koschel, Inge von Weidenbaum, Clemens Münster) in Übereinstimmung mit Isolde Moser und Heinz Bachmann als »zu privat« für eine Publikation ansahen. Nun, gute dreißig Jahre nach dem Tod Ingeborg Bachmanns und noch etwa zwanzig Jahre vor der rechtlichen Freigabe des Nachlasses, sind diese Gedichte dennoch publiziert worden – und jüngst auch der persönliche Briefwechsel zwischen Ingeborg Bachmann und Paul Celan (2008). Eine autobiografische Interpretation der Gedichte ist nahe liegend. Sie wird durch reale Orte und die verhältnismäßig direkte Sprache der Gedichte angeregt.

Der biografisch-historische Hintergrund des Gedichtbandes *Ich weiß keine bessere Welt* klärt möglicherweise auf: Ingeborg Bachmann durchlebte in den Zeiten des Verfassens der aus dem Nachlass edierten Gedichte eine schwere Krise. Nach der Trennung von Max Frisch muss sie sich in psychische Behandlung geben und wünscht sich mehrmals den Freitod. Das lyrische Ich dieses Gedichts spricht über seine ganz eigene Geschichte mit einem Vokabular, das an Chiffren und Symbole von »Auschwitz« erinnert. Es appliziert diese Bilder aus dem kollektiven Gedächtnis auf eine individuelle Geschichte.

Jenes Verfahren schreibt Bachmann in ihrem als Eröffnung des *Todesarten-Zyklus* gedachten Romans *Das Buch Franza* weiter: Hier ist es Franza, die auf einer Reise durch die Wüste, die als Allegorie einer Reise durch eine Krankheit figuriert (Gürtler 1982), das Zusammentreffen der eigenen und der kollektiven Geschichte am eigenen Leib erfährt. Zur Eröffnung des Nilstaudamms wird sie von ihrem Bruder im Nilschlamm »lebendig begraben« (Bachmann 1978: 433):

> War das ein geschichtlicher Augenblick, fragte sie ironisch, morgen ist doch der 15. Mai, in den Geschichtsbüchern wird etwas stehen von diesem Tag, den ich am Vortag gesehen habe. Was habe ich denn gesehen, eine Limousine und ein Schiff und Rosenblätter. Dann werden sie die Schleusen öffnen, das Wasser wird kommen. Die Geschichte wird den Wassertag verzeichnen. Und ich war lebendig begraben. Meine Geschichte und die Geschichten aller, die doch die große Geschichte ausmachen, wo kommen die mit der großen zusammen. Immer an einem Straßenrand? Wie kommt das zusammen?

Auf die gestellte letzte Frage wird im Romanfragment selbst eine Antwort gegeben: im Körper von Franza. Über ihren Körper erinnert sie immer wieder Szenen des Auslöschens und Mordens, die an Bilder der Menschenvernichtung erinnern. Grund dieser Übertragungen in ihren Körper ist die Behandlung, der sie durch ihren Ehemann Jordan ausgesetzt war. Jordan hat versucht, sie auszulöschen, aber nicht körperlich, sondern symbolisch. Das wird insbesondere durch das Buchprojekt deutlich, das Jordan verfolgt und das über Spätschäden an weiblichen Häftlingen handelt. Franza wirkt dabei unfreiwillig als Probandin mit. Das merkt sie allerdings erst zu spät: In den Aufzeichnungen Jordans erkennt sie ihr eigenes Verhalten wieder. Die Koautorschaft am Buch verweigert ihr Jordan, so dass über die Auslöschung des Namens und die Einschreibung ihres Körpers in das Buch, das von einem

Mann verfasst wurde, eine symbolische Auslöschung ihrer Figur lesbar wird. An sie sollte sich niemand mehr erinnern können, wenn sie stirbt. Ein Ort im Gedächtnis sollte ihr verweigert werden. Diesen Prozess des »Mordens« hat Franza in vielen Jahren verinnerlicht und ist nicht mehr eins mit sich, sondern dissoziiert in einen Körper, der nicht mehr der ihre ist, und eine Stimme, die ihr dies sagt.

Ähnlich wie bei den beiden vorangegangenen Beispielen von Suchterfahrung (Hanns Fallada und Stefan Zweig), welche immer auch am Körper der Protagonisten erfahren werden, tritt in den Texten von Ingeborg Bachmann diese körperliche Erfahrung von psychischer Krankheit vehement in den Vordergrund – und sie wird immer auch historisch konnotiert. Standen mit Fallada und Zweig zwei individuelle Lebensgeschichten im Mittelpunkt, deren psychisches Erleben ganz aus eigenem Handeln heraus motiviert ist, so transformiert Bachmann dieses Erfahren am Leib ihrer Protagonistinnen gewissermaßen über einen geschlechterspezifischen Diskurs: Die Frau wird hier immer in Abgrenzung zum Mann verhandelt, und an ihrem Körper Diskurse von Macht und Ohnmacht verdeutlicht (Weigel 1993 und 1999).

Abschließend soll der Blick auf einen ungewöhnlichen, vielleicht auch einen untypischen Roman und einen ebenso verwirrenden Film gerichtet werden. Losgelöst von der Systemkritik an der Psychiatrie als Institution steht hier das Leben einzelner im Mittelpunkt. Gemeint ist Irvine Welshs Roman *Trainspotting*, in dem es in erster Linie um Drogenabhängigkeit geht. Der Roman erschien 1993 als englischsprachiges Original, die deutsche Ausgabe kam 1996 auf den Markt. Der Film (Regie: Danny Boyle) nach dem Drehbuch von John Hodge lief 1996 in Großbritannien an, in deutschsprachiger Synchronisation 1997.

Im Mittelpunkt von *Trainspotting* steht die Droge, der sich der Ich-Erzähler Mark Renton leidenschaftlich verschrieben hat. Dem polytoxikomanen jugendlichen Club gehören Spud an, der dem »Dope« verfallen ist, Sick Boy, der vor allem auf James Bond-Movies steht, Tommy, der im ersten Teil noch ganz auf Natur ausgerichtet ist, und der gewalttätige, alkoholkranke Begbie.

Im Unterschied zu beispielsweise Falladas Roman *Der Trinker* ist der Film losgelöst von der Systemkritik an der Psychiatrie als Institution (Wulff 2000), es geht vielmehr um das Leben einzelner, um das Erleben und Erfahren ihres Lebens mit Drogen (Struck und Wulff 1998), um den ständigen Kampf, von den Drogen loszukommen und um die Macht der Sucht. Auch hier ist Roman wie Film anders als anderes, das man zum Vergleich heranziehen könnte, erinnert man sich beispielsweise an typische Repräsentationen von Drogen in literarischen Texten und im Film, wie dies der Klassiker von Christiane F. *Wir Kinder vom Bahnhof Zoo* unter anderem umsetzt. Bei Recherchen für eine Reportage mit dem Titel »Babystrich« in Berlin (*Stern* 1978) wurde die bis zu diesem Zeitpunkt unbekannte Christiane gefunden. Die spätere Buchveröffentlichung ist das Produkt vielfacher Verzerrungen, die Leben, Geschehnisse, Reportagen, Bilder und den Namen Christiane F. betreffen. Der Film von

Ulrich Edel (BRD, 1980/1981) basiert auf dem Drehbuch von Hermann Weigel, das dem gleichnamigen Buch (1978) nachempfunden ist. Geschildert wird, wie Christiane, die aus zerrütteten Familienverhältnissen kommt, Teil einer Clique von Drogenabhängigen wird. Sie selbst konsumiert Heroin, wird davon abhängig und gerät wie ihr heroinsüchtiger Freund Detlef in den Sog der Droge. Sie erlebt das Elend der Drogenabhängigkeit in der Clique und muss für die Droge auf den Strich gehen. Einher mit dem Bild des physisch wie psychisch sich vollziehenden Verfalls geht ein immer größer werdendes Elend und ebensolche Ausweglosigkeit.

Trainspotting dagegen bricht mit den Traditionen klassischer Bearbeitungen und klassischer Formen – zumindest an der Oberfläche und auf den ersten Blick. Es handelt sich um eine Montage von Unwirklichem, Unsagbarem, Undarstellbarem. Es kommen Momente des Unwirklichen zum Tragen, die eine eigene und besondere Drogenerfahrung zum Ausdruck bringen. Der unwirkliche Nachgeschmack, der erste Eindruck, den *Trainspotting* hinterlässt, erschließt sich bald als Zugfahrt persönlicher Erfahrung Rentons. Es geht um drogensüchtige Jugendliche, um die sozialen Konsequenzen der Sucht, es geht ein wenig um Kriminalität und viel um Brutalität, es geht ständig um die Sucht nach den Drogen und wie man davon loskommen kann, es geht um eine unkontrollierbare Lebensform Jugendlicher.

Trainspotting hat ein Vorher und ein Nachher, das differenziert analysiert werden kann, und das der Story plötzlich doch Konventionalität im Formalen wie Inhaltlichen entlockt. Renton erzählt seine Geschichte von der Sucht, die begleitet wird von seinen Freunden, seiner Clique, seinem sozialen System, aus dem er nicht auszubrechen imstande ist. Selbst als er im zweiten Teil der Story scheinbar »clean« nach London geht, um sich dort eine neue Existenz aufzubauen, wird er wieder eingeholt von seinem System. Seine Freunde kommen zu ihm, ziehen ihn in einen Deal mit Drogen hinein und auch, als er aus diesem am Ende auszubrechen versucht, als er sich mit dem gedealten Geld allein absetzen will und Spud einen Happen davon in einem Schließfach vermacht, hinterlässt Roman wie Film die offene Frage danach, wie es mit Renton weitergeht. So unbestimmt diese wenigen Sätze über *Trainspotting* sind, so unbestimmbar ist die Story, ist der Film, ist die mediale Repräsentation der Drogenerfahrung, und so paradigmatisch ist diese doch für die Erfahrung mit Drogen. *Trainspotting* bietet in dieser Hinsicht eben jene Möglichkeit der Ästhetik, der Darstellbarkeit des Undarstellbaren und Unsagbaren, die wem näher liegen könnte als der definitorisch so unbestimmbaren Sucht. Insofern kann *Trainspotting* gelesen werden als Möglichkeit der Fassbarkeit des unfassbaren Erlebens von Sucht, die jenseits dessen liegt, was beschrieben werden kann, und was wiederum jenseits dessen liegt, das mit biologischen Parametern einzuholen ist. Ulrike Hoffmann-Richter schreibt in diesem Zusammenhang (Hoffmann-Richter 2006: 5):

Man könnte die Menschen dieser Welt danach unterscheiden, ob sie lesen oder nicht lesen, heißt es, wobei mit Lesen keine Pflichtlektüre gemeint ist. Die Gründe fürs Lesen bleiben vielfältig. Wo, wenn nicht hier zerfließen die Übergänge zwischen beruflicher und privater Welt, zwischen Bildung und Unterhaltung, zwischen Zerstreuung und Konzentration, zwischen Ablenkung und Fokussierung, zwischen Anregung, Erregung, Kontemplation und Versenkung, zwischen Weltzuwendung und Rückzug.

In der Literatur werden medizinische Themen wie die der Psychiatrie und Psychotherapie aufgegriffen. Dabei kann es eine wesentliche Funktion von Literatur sein, den während der medizinischen Ausbildung zunehmend auf Pathologie fokussierenden Blick entweder offen zu halten oder zumindest wieder zu weiten und zu öffnen. Das ist eine wesentliche Funktion von Literatur. »Wo wenn nicht in der Literatur eröffnet sich ein Blick auf die Varianten menschlichen Daseins (...)« (Hoffmann-Richter 2006: 5).

An ausgewählten Beispielen konnte gezeigt werden, dass mediale Repräsentationen von Sucht Muster und Motive bereitstellen, die über eine biologische Sicht auf den Menschen hinausgehen. Darüber hinaus werden so gesellschaftliche Wahrnehmungen fassbar, die dem herkömmlichen (psycho-) pathologischen Beschreibungsinventar unzugänglich bleiben. Der Mensch ist soziokulturell gebunden und nicht allein durch biologische Marker bestimmt. In der Literatur werden diese Phänomene zumindest potenziell darstellbar. Fern biologischer Beschreibungsmöglichkeiten sind Sucht und die Erfahrungen damit von vielschichtigen Motiven und Mustern gespeist, die soziokulturell gebunden sind. Die wohlüberlegte Ordnung des Beschreibens, wie diese beispielsweise in operationalisierten Klassifikationssystem erfasst ist (Brunner und Steger 2005b), gerät dadurch in Unordnung.

Knüpft man an diese Überlegungen an, kann die Funktion von Literatur für Psychiatrie und Psychotherapie sicherlich in einem ethisch wertvollen Sensibilisierungsprozess gesehen werden. Dies wird auch in einer von Allan Beveridge im British Journal of Psychiatry (2003) veröffentlichten Arbeit mit dem Titel *Should Psychiatrists Read Fiction* gestärkt. Am Ende der Arbeit heißt es: »However, one of the claims in favour of reading is the notion that books about illness and suffering help doctors better understand the inner experience of their patients, and as a consequence, develop greater empathy.«

Ein humaner Umgang mit Kranken macht eine Integration von Krankheit in das Leben unabdingbar. Insofern kann Literatur als produktiver Umgang mit Krankheit und Kranksein angesehen werden. Und es ist dieser Bereich, das Feld von Literatur und den Künsten, das als Repräsentationsquelle der Darstellungen von Gesundheit und Krankheit anzusehen ist, der keineswegs linear und unipolar, vielmehr dialogisch zu verstehen ist. Genau hier setzt eine narrative Ethik an (Steger 2008b), auf die abschließend und ausblickend noch hingewiesen sei (Zitat: Thiemer 2007: 297):

Narrative Modelle werden hierbei sowohl zur Untersuchung und Beschreibung von Leben als Erzähltem und Erzählendem wie auch zur Identifikation eines narrativen Selbst, das nicht in substanzielle Kategorien zu fassen ist, oder zu Bestimmungen einer moralischen Identität genutzt.

Doch: Was können Erzählungen im ethischen Diskurs leisten? Normative Ethik setzt Maßstäbe, Kategorien und Prinzipien, die rational klar strukturiert die philosophische Basis eines Diskurses bilden – vgl. beispielsweise die Stellungnahmen des Nationalen Ethikrates und jetzt des Deutschen Ethikrates. Es werden mit Hilfe rationaler Argumente normative Thesen vertreten, so zum Beispiel: Menschenleben darf nicht frühzeitig beendet werden, das heißt vor Eintritt eines natürlichen Todes. Grenzen hat normative Argumentation rasch dann erreicht, wenn es um das Einzelschicksal, also das Individuelle geht. Man fragt sich auch: Wo bleibt bei solch einem normativen System der Argumentation Raum für Irrationales, das lebensweltliche Wirklichkeit so stark prägt? Wie können so im Rahmen eines ethischen Diskurses Gefühle in die Argumentation einbezogen werden? Genau an diesen Desideraten einer normativen Ethik setzt eine narrative Ethik an, deren Medium ethischer Reflexion das Erzählen selbst ist. Hierin ist auch das Potenzial von Erzählungen für einen ethischen Diskurs zu sehen, wie dies in einer narrativen Ethik herausgearbeitet wird. Wird die Lebenswelt qua Narration erfahren, kommt es durch fassbare Lebensgeschichte zu einer wertvollen Ergänzung des normativen Diskurses. Das Potenzial von Narrativen liegt also im (modellhaften) Erfahren von Lebenswelt, das zu einer normativen Ethik hinzutritt. Diese Fragen einer narrativen Ethik, die sich unmittelbar aus den Funktionen von Literatur für Medizin, speziell für Psychiatrie und Psychotherapie, ergeben, lohnt es in hohem Maße zu verfolgen.

Dritte Näherung: Kommunikation und Literatur

Literatur respektive Literaturgeschichte kann eine mögliche Quelle für eine ganz eigene (literarische) Medizingeschichte sein, verstanden als Kulturgeschichte und gewonnen aus der Analyse literarischer Repräsentationen von Medizin. Denn Literatur birgt wesentliche lebensweltliche Erfahrungen, die in fiktiven Kontexten durchgespielt, verarbeitet oder gar erweitert reflektiert werden. Eine solche Perspektive ist in der Forschung für das Gebiet von Literatur und Medizin bisher selten eingenommen worden. Zuletzt hat Wolfgang Eckart auf das Quellenpotenzial von Literatur für eine Kulturgeschichte der Medizin aufmerksam gemacht, als er sich mit dem Trinklied als Form der Gelegenheitsdichtung des 19. Jahrhunderts in seiner Bedeutung für das Themenfeld von Literatur und Medizin beschäftigte (Eckart 2008). Dennoch ist es anhaltend ein Desiderat der Forschung, Literatur als Quelle einer Kulturgeschichte zu untersuchen. Dies gilt umso mehr, wenn man den Fokus auf die Mensch-Mensch-Beziehungen in der Medizin legt, und zwar indem man literarische Repräsentationen der Medizin diachron von der Antike bis in die Gegenwart in den Blick nimmt. Die sich hier anschließenden Überlegungen geben insofern Hinweise und sollen zu weiterer Forschung auf diesem Gebiet anregen. Dazu wird das Forschungsfeld in einer diachronen Perspektive aufgerissen, es werden zu den einzelnen Epochen thesenartig Anmerkungen gemacht und schließlich wird das Forschungsthema an Beispielen aus der jüngeren Literaturgeschichte exemplarisch erläutert. Im Zentrum der Analyse stehen literarisch inszenierte Formen der Kommunikation, von denen ausgehend Beziehungsstrukturen zu erörtern sind. Mit dem Blick auf Kommunikationsstrukturen und Beziehungsverhältnisse wird sogleich ein Themenfeld aufgegriffen, das von hoher praktischer Relevanz ist (Boothe 1994, Schildmann und Vollmann 2001) und das sich mannigfacher Forschung erfreut. Mittlerweile ist anerkannt, dass gute Kommunikation zur guten Qualität guter Patientenversorgung gehört. Zudem ist die Geschichte des Kranken zentral für ein gutes Arzt-Patient-Verhältnis, das von Vertrauen und Wertschätzung geprägt ist (Furst 1998 und 2000, Lang und Arnold 1996, Pethes 2005). Insofern handelt es sich also um eine aktuelle Perspektive, die auf das Themenfeld von Literatur und Medizin angewandt wird. Dabei interessieren nicht thematologische Aspekte, vielmehr geht es – im Rahmen der Analyse literarischer Repräsentationen von Medizin, die immer Abbild von Medizin sein, nie aber Medizin an sich darstellen können – um eine Kulturgeschichte der Mensch-Mensch-Kommunikation und damit der Beziehung in der Medizin.

Zunächst sind die beiden Termini »Repräsentation« und »Beziehung« näher zu bestimmen:

1. Der Begriff der Repräsentation (von Jagow und Steger 2004b) ist ein heterogener Terminus und doch eignet er sich gerade wegen seines Facettenreichtums für die Bestimmung des Verhältnisses von Literatur und Medizin. Repräsentation (lat. repraesentare) heißt zunächst Vergegenwärtigung oder vor Augen stellen. Der Gebrauch des Wortes »Repräsentation«, der vom Lateinischen bis in die Nationalsprachen verläuft, wird erst im deutschsprachigen Raum unterbrochen. Eine klare Bedeutung besitzt der Begriff im juristischen Kontext, wo er Weisen der Stellvertretung, etwa die Vertretung eines Angeklagten vor Gericht, bezeichnet. Weiterhin wird er als äquivalent zum Zeichen verwendet, indem er ausdrückt, dass etwas Abwesendes durch etwas Anwesendes gegenwärtig gemacht wird (Werber 2003). Die ästhetische Dimension des Begriffs erschließt sich aus dem Gedanken der Mimesis. Den Umgang mit dem Mimesis-Begriff hat Erich Auerbach maßgeblich geprägt. Seine Thesen zur Literatur des 19. Jahrhunderts im Paradigma von Mimesis beruhen auf einem spezifischen und aus heutiger Perspektive überholten sowie wissenschaftlich zu revidierenden Mimesis-Konzept. Es ist dies ein Konzept, das von einem normativ präjudizierten Wirklichkeitsbegriff ausgeht und das sich vornehmlich auf ernsthaft dargestellte Wirklichkeit bezieht, das heißt letztlich auf das Darzustellende, wie es paradigmatisch in der Bibel vollzogen wird. Auerbach hat das Alternieren von Stil mischendem Realismus und Stil trennender klassischer Tradition im Auge und postuliert Wirklichkeit als etwas Normatives (Auerbach 1988). Bei der mimetischen Repräsentation stehen Bild und Vorbild in einem Ähnlichkeitsverhältnis zueinander: Das Bild als Zeichen verweist auf die Sache, indem es eine mehr oder minder adäquate Kopie darstellt. Im Rahmen der Ästhetik bedeutet Repräsentation Mimesis respektive imitatio. Parallel hierzu stehen die Begriffe der Allegorie respektive des Symbols. Der ersten Bedeutung liegt eine Auffassung von Kunst zugrunde, nach der Kunst vor allem darauf zielt, die Welt so naturgetreu als möglich abzubilden. Gute Kunst zeichnet sich dadurch aus, dass sie erfolgreich das erneute Erkennen der abgebildeten Dinge ermöglicht. Eine Repräsentation ist damit eine Vergegenwärtigung der Welt in einem bestimmten Medium. Im Sinn der zweiten Bedeutung liegt dem Repräsentationsgedanken nicht eine bestimmte (visuelle) Ähnlichkeit von Bild und Vorbild zugrunde, sondern eine sinnfällige Ähnlichkeit, die sich durch das Wissen und den kulturellen Rahmen des Betrachters erschließt. Obwohl der Begriff der Repräsentation in ästhetischen Theorien Verwendung findet, bildet er keinen genuinen Grundbegriff der Ästhetik. Denn im Nachdenken über das Phänomen der Repräsentation lässt sich – anders als bei Begriffen wie Mimesis – keine Kontinuität feststellen. Einer der Gründe für diese fehlende Kontinuität liegt darin, dass lange Zeit keine eigentliche Definition respektive keine präzise Fassung des Begriffs existierte, was seine Verwendung in einem terminologischen Rahmen problematisch machte. Erst im Zeitalter des Poststruktura-

lismus und der Dekonstruktion fand eine terminologische Verwendung des Begriffs statt. Doch geht die Präzisierung des Begriffs Repräsentation mit seinem Schwinden einher.

2. Über die Repräsentationen hinaus sind zugleich Fragen nach den Beziehungsverhältnissen in der Medizin angesprochen, wie dem von Arzt (wobei hier im Grunde alle gemeint sind, die professionell an der Patientenversorgung beteiligt sind, also zum Beispiel auch das Pflegeteam, die Seelsorge oder Psychologen) und Patient. Betrachtet man die Geschichte der Medizin, so kann man festhalten, dass das Arzt-Patient-Verhältnis keineswegs eine lineare Entwicklung nahm, sondern vielmehr als eine Bewegung zu beschreiben ist. Diese Bewegung geht von einer Arzt-Patient-Relation mit einem primär paternalistischen Anspruch aus, wie dies beispielsweise im Hippokratischen Eid zu fassen ist (Steger 2008a), und mündet in eine moderne Patient-Arzt-Beziehung mit dem erklärten Bemühen um einen gemeinsamen beziehungsweise partizipativen Entscheidungs- und Handlungsprozess (»informed consent«), der wiederum der Patientenautonomie Rechnung trägt (Vollmann 2008).

Das Arzt-Patient-Verhältnis steht demnach in der Spannung von Benefizienz, Fürsorge und Paternalismus des Arztes auf der einen und selbst bestimmtem Handeln des Patienten auf der anderen Seite. Der Patient ist schon beim Aufklärungsgespräch in die Entscheidung diagnostischer oder therapeutischer Schritte so einzubeziehen, dass er aktiv an der Entscheidung Teil hat. Er muss informiert werden, die Information verstanden haben, er muss zu einer Einwilligung befähigt sein und diese freiwillig geben. In diesem Zusammenhang wird zur Wahrung der Autonomie des Patienten seit den 1950er Jahren das Konzept eines »informed consent« diskutiert (Bergsma und Thomasma 2000, Bobert 2002, Hildt 2005, Vollmann 2000 und 2008).

Für eine Kulturgeschichte der Medizin, gewonnen aus literarischen Repräsentationen, stellt sich die kritisch zu verfolgende Frage, inwiefern sich diese Bewegung auch für eine Kulturgeschichte literarischer Repräsentationen von Medizin nachzeichnen lässt respektive inwieweit bereits frühe medizinkritische Stimmen zu diesem Verhältnis zu erkennen sind. Dabei ist zu klären, inwiefern, wo und wann ein Plädoyer für mehr Autonomie gehalten wurde. Man denke nur an das berühmte Chorlied in der sophokleischen Antigone (pollá tá deiná, Vv. 332–383: »Vielgestaltig ist das Ungeheure, und nichts ist ungeheurer als der Mensch; dieses Wesen geht auch über das graue Meer im winterlichen Südwind (…)«), in dem die Gewalt, die von uns Menschen ausgeht, vom Chor kritisch repetiert wird. Und doch setzt sich Antigone über bestimmte Strukturen hinweg und behauptet sich damit in ihrer Autonomie, indem sie ihren Bruder entgegen der Anweisungen Kreons bestattet.

Lässt man sich auf die hier aufgezeigten Perspektiven ein, geht es methodisch um die Frage nach der Verfasstheit von Medizin in der Literatur. Dabei sind literarische Repräsentationen das Untersuchungsobjekt. Sie sind als besonders kreativer Teil einer Kulturgeschichte zu verstehen. Denn literarischen

Formen ist ein hohes Potenzial an Darstellbarkeit eigentümlich, das über die Ausdrucksfähigkeit des Realen hinausgeht. Die Aufmerksamkeit auf die Verfasstheit von literarischen Texten erlaubt, die Phänomene von Kommunikation und Beziehung interdisziplinär zu würdigen: zum einen in ihrer spezifischen literarischen und poetischen Qualität, zum anderen mit Blick auf die Schnittstelle von Literatur und Medizin beziehungsweise von Repräsentationen von Medizin in der Literatur.

Unter Kommunikation versteht man zuerst die Übermittlung von Informationen durch Zeichen (Hermann und Schildmann 2005). Für die Untersuchung von Kommunikation und Beziehung, wie sie sich aus literarischen Texten speist, ist es von großer Bedeutung, auf den epistemischen Wandel zu fokussieren. Michel Foucaults (1966) Studie zur Entdeckung der Verfasstheit von Sprache im beginnenden 19. Jahrhundert, welche die Diskussion um Darstellbarkeit von Wirklichkeit in Sprache maßgeblich beeinflusst hat, dient hier als Folie: Ausgehend von den Überlegungen eines epistemischen Wandels vom klassischen Zeitalter des 17. und 18. Jahrhunderts, dem sogenannten Zeitalter der Repräsentation, hin zu einem Zeitalter der Geschichte, das Foucault mit dem Anbrechen des 19. Jahrhunderts ansetzt, erfahren die Wissenschaften eine Umwertung. Vor allem schlagen die Diskurse der Biologie, Ökonomie und Philologie von einer Transparenz, einer Durchsichtigkeit der Sprache auf die Dinge, in eine Opazität um, in eine Dichte der Rede. Jene Opazität zeigt sich im Denken in Tiefendimensionen, den von Foucault sogenannten »transcendentaux objectifs« (Foucault 1966: 258). Das resultiert aus der Einsicht des Wandels der Naturgeschichte in eine Geschichte der Natur, die paradigmatisch durch den Index der Diskontinuität gekennzeichnet ist. Diskontinuierlicher Faktor in der Rede über Subjekt und Gesellschaft ist der Tod, von dem aus Leben nun fokussiert wird, das heißt Vitalismus und Mortalismus bedingen einander ebenso wie sie sich widersprechen – soweit die Begrifflichkeit Foucaults (1963); vgl. hierzu auch Artmann 2005b. Fazit dieser Einsicht ist eine neue Auffassung von Sprache, die nicht Werk, sondern Prozess ist. Aus dieser Einsicht resultiert ein neues Verständnis von Literatur als »contre-discours« zur philologischen Rede. Dieser »contre-discours« entspringt einer »subjectivité écrivante« (Foucault 1966: 59 und 313), einem sprechenden und schreibenden Subjekt, das im Akt des Schreibens Wirklichkeit und Imagination einfängt und fiktionale Texte auf ihre poiesis hin transparent macht. In der Medizin finden solche Gespräche zwischen den einen, die beraten oder behandeln, und den anderen statt, die mit Fragen und Sorgen kommen beziehungsweise die behandelt werden, und zugleich all denen, die sie begleiten und unterstützen; man denke nur an Kinder oder an nicht einwilligungsfähige Patienten wie zum Beispiel Demente oder psychotisch kranke Menschen und deren gesetzliche Vertreter. Kommunikation steht demnach im Zentrum medizinischen Handelns – und dies seit der Antike, als man noch mehr als heute für die Diagnose- und Prognosestellung auf Befragen angewiesen war (zur Bedeutung der Prognose in der Antiken Medizin vgl. Wittern 1994b). Im Zuge des Fortschritts und der Technisierung wird heute – zu Recht – eine defizitäre Kommunikation moniert, und dies umso mehr als gute Kommunikation Teil eines Therapiekonzepts sein kann. Hierfür muss man sich aber verstehen, und dies setzt eine rezeptive und interpretative Kompatibilität der Codes aller beteiligen Kommunikationspartner voraus (Hermann und Schildmann 2005: 433):

> Der Kode als Transmissionssystem funktioniert nur, wenn Sender und Empfänger mit den verwendeten Zeichen die gleiche Bedeutung assoziieren. Die Zeichen oder sprachlichen Symbole können oft nur in Zusammenhang mit dem Kontext, in dem sie ausgedrückt werden, von zwei oder mehr Personen übereinstimmend interpretiert werden.

Das hört sich schon theoretisch schwierig an, und es erweist sich als noch schwieriger in der praktischen Umsetzung. Zum einen geht es also um die Analyse der Mensch-Mensch-Beziehungen, wie sie in literarischen Texten spezifisch dargestellt werden. Des Weiteren steht, wiederum basierend auf den gewonnenen Ergebnissen, die Beziehung von Literatur und Medizin im kulturellen Haushalt der Menschen im Mittelpunkt. Mit diesem Ansatz ist eine interdisziplinär und international anschlussfähige Arbeitsweise skizziert, die Geschichte, Theorie sowie Ethik in der Medizin und Literaturwissenschaft verbindet und aus ihrem jeweils genuin disziplinären Kontext heraus kulturwissenschaftlich erweitert. Man könnte von »Medical Humanities« sprechen.

Auf welche Weise Literatur zur Medizin tatsächlich beiträgt, ist differenziert zu würdigen. Es ist zwar durchaus vorstellbar, dass im Verfassen oder Lesen literarischer Texte Krankheit zu verstehen respektive zu bewältigen gesucht wird. Dass Literatur aber auf die Medizin insofern Einfluss ausübt, als theoretisch zu fassende Konzepte auf die Medizin, und zwar als Hilfe für ein Verstehen biologischer Phänomene, übertragbar sind, ist eher kritisch zu würdigen.

So lässt sich eine Geschichte der Medizin mit dem Fokus auf Kommunikation und Beziehung aus literarischen Repräsentationen schreiben. Und dieses Forschungsdesiderat soll im Folgenden kurz skizziert werden, um Anregungen für weitere Arbeit auf dem Gebiet von Literatur und Medizin aus einer kulturwissenschaftlichen Perspektive zu geben. Zentral ist dabei, dass der Begriff der Repräsentation eine methodische und historische Ebene birgt: Die von Seiten der Hirnforschung konstatierte Repräsentation von Wahrnehmungsobjekten kann für die Geisteswissenschaften als ein Modell genutzt werden, um sich einem realen Sachverhalt anzunähern. Jene Chance, das naturwissenschaftliche Modell der Repräsentationen für sich fruchtbar zu machen, wurde wiederholt als ein bedeutendes Potenzial für die Geisteswissenschaften stark gemacht. Otto Gerhard Oexle (2000a, 2000b und 2001) zeigte das an der historischen Entwicklung der Natur- und Geisteswissenschaften auf. Im Rahmen dieser so verstandenen Repräsentationen von Medizin in der

Literatur ist das Verhältnis von Literatur und Medizin methodisch zu erörtern – immerhin handelt es sich um zwei verschiedene Bereiche, die auf den ersten Blick wenig verbindet. Das eine gehört klassischerweise in den Bereich der Geisteswissenschaften, das andere vorwiegend in den der empirischen Wissenschaften. Dennoch sind beide über ausgeprägte Schnittstellen miteinander verbunden. Gemeint ist damit zuerst ein gegenseitiger Wissenstransfer (Medizin in Literatur und Literatur in Medizin). Darüber hinaus könnte man weiterhin nach dem Potenzial von Literatur für die Formierung von Wissenskonzepten fragen (Pethes 2003a). Der Begriff der Kommunikation wird auf zwei Ebenen relevant: auf einer ersten Ebene fiktionsintern, also inhaltlich. Hier geht es im Sinne einer Geschichte der Medizin um die Darstellungen und Darstellungsweisen der Mensch-Mensch-Interaktion im Feld der Medizin in der Literatur. Auf einer zweiten Ebene bekommt der Begriff der Kommunikation methodisch-strukturell Bedeutung: Dort geht es, ausgehend von der inhaltlichen Analyse, um das Verhältnis, also den Dialog zwischen Literatur und Medizin. Im Zentrum dieser zweiten Ebene steht also die Frage, auf welche Weise Literatur und Medizin im Feld von Kommunikation und Beziehung selbst in einen Dialog treten und in welcher Beziehung sie schließlich zueinander stehen. Das ist vor allem für die unterschiedlichen historischen Schwerpunkte aufschlussreich, denn mit diesem Fokus zielt das Vorhaben, eine Geschichte der Medizin aus literarischen Repräsentationen, aufgefasst als Quellen, zu schreiben, auf einen innovativen Zugriff der medizinhistorischen Quellenarbeit: Indem Literatur als ein System von Kultur als Quelle herangezogen wird, um es vergleichend zur bisherigen Forschung, vor allem zum Arzt-Patient-Verhältnis, zu erörtern, gelingt in einer interdisziplinären Erweiterung nicht nur eine neue inhaltliche Sichtweise, sondern auch eine kulturhistorische Einbettung von Medizin im Kontext neuerer kulturwissenschaftlicher Forschung.

Bevor hier einige Beispiele textnah analysiert werden, wird eine Forschungsperspektive aufgezeigt, die sich unseres Erachtens in diesem Zusammenhang ergibt. Dabei können wir zum gegenwärtigen Zeitpunkt mehr Fragen stellen als Antworten geben. Zugleich hoffen wir durch die hier gestellten Fragen auf einen anregenden wissenschaftlichen Austausch. Es geht dabei um folgenden Zusammenhang: Die Beziehungsverhältnisse von Mensch-Mensch in der Medizin können anhand ihrer literarischen Repräsentationen von der Antike bis heute analysiert werden. Dabei sollten die literarisch inszenierten Formen der Kommunikation fokussiert werden, und zwar ausgehend von der Frage, wie diese Beziehungsverhältnisse zu beschreiben sind. Insbesondere sind das Arzt-Patient und das Patient-Arzt-Verhältnis von Interesse und die Kritik, die hieran – in Abhängigkeit vom jeweiligen (zeitbedingten) Stellenwert von Patientenautonomie – laut wurde. Denn literarisch inszenierte Kommunikationsformen verfügen qua Inszenatorik über ein hohes Potenzial an Darstellbarkeit, das über die Ausdrucksfähigkeit des Realen hinausgeht. Sie sind folglich ein besonders kreativer Teil einer Kulturgeschichte und damit auch einer Geschichte der Medizin. Zudem ist in diesen lebensweltliche Wirklichkeit enthalten. Ziel könnte es sein, im Rahmen der Kulturgeschichte einen historischen Beitrag zum Verständnis menschlicher Kommunikation und Beziehung an der Nahtstelle von Gesundheit und Krankheit zu leisten. Dabei werden die Ergebnisse aus anderen, bisher in der medizinhistorischen Forschung weniger berücksichtigten Quellen – aus literarischen Repräsentationsformen – gewonnen, die einen neuen Blick auf die Geschichte der Medizin eröffnen.

Es bietet sich eine diachrone Perspektive an, die sich dementsprechend von der Antike bis heute erstreckt und in vier Teile gegliedert werden kann: (1) Antike, (2) Mittelalter, (3) Frühe Neuzeit, (4) 19. Jahrhundert sowie 20. und 21. Jahrhundert. So kann im Rahmen der Kulturgeschichte ein Beitrag zum Verständnis menschlicher Kommunikation und Beziehung geleistet werden.

Im einem ersten Schritt bietet es sich an, literarische – und damit sind nicht primär medizinisch-literarische gemeint – Texte der Antike sowohl der Griechischen als auch der Lateinischen Sprache zu analysieren. Der Fokus sollte auf Kommunikationsverhältnissen in der Heilkunde beziehungsweise auf Beziehungsmustern liegen, die für die Medizin Bedeutung haben. Entsprechend sind die zu berücksichtigenden Texte sowohl nach den Kriterien der literarischen Kanonik als auch der medizinhistorischen Bedeutung für das Arzt-Patient-Verhältnis auszuwählen. Man geht davon aus, dass gerade in der Antike das Arzt-Patient-Verhältnis stark paternalistisch geprägt war. Als Zeugnis wird für diese These stets der Hippokratische Eid angeführt. Insofern stellt sich anhand der Analyse konkreter literarischer Repräsentationen solcher Arzt-Patient-Relationen die Fragen, ob tatsächlich diese Unidirektionalität Arzt→Patient vorherrschte oder ob sich die Beziehung zwischen Patient und Arzt nicht doch variabler respektive variantenreicher gestaltete. Denkt man an die starke Abhängigkeit des Arztes von seinem Ruf, wäre es nahe liegend, dem Patienten eine (mit)bestimmende Rolle zuzuschreiben. Die Befreiung des antiken Menschen aus der Hand der Götter, die sich in der Klassik vollzieht, lässt ebenfalls vermuten, dass gerade in literarischen Repräsentationen ein differenzierteres Bild dieser Arzt-Patient-Relation auszumachen ist. Ob dabei gleich ein partizipatives Miteinander zu erkennen ist, wie dies heute für die Patient-Arzt-Beziehung gefordert wird, bedarf einer kritischen Prüfung.

Von der Antike ausgehend ist dann ein Schritt weiter in das Mittelalter zu gehen: Es sind also literarische Texte aus dem Mittelalter ins Zentrum der Analyse von kommunikativen Strukturen in der Medizin zu stellen. Die Beziehung Arzt-Patient ist dabei – dies ist communis opinio der Forschung – in konsequenter Nachfolge der Spätantike von der Transzendenz, »Christus medicus«, bestimmt – zumindest, was den christlichen Einflussbereich betrifft. Das Arzt-Patient-Verhältnis könnte demnach – so die Ausgangsthese – auch als das der Relation von »Christus medicus« zur »Passio Christi« beschrieben werden. Dies gilt es aber erst einmal anhand der Analyse konkreter literarischer Repräsentationen zu prüfen. Ziel könnte also der Versuch sein, diese in der Passio-Formel beschriebene Abhängigkeit in literarischen Repräsentationen von Medizin nachzuzeichnen, möglicherweise zu relativieren oder gar die Ausgangsthese zu entkräften. Gemäß der Passio-Formel soll sich der Arzt in seinem Handeln von Tugenden und Barmherzigkeiten leiten lassen. Der Patient tritt dem Arzt gegenüber als Bittsteller auf. Es ist also anhand von literarischen Repräsentationen zu überprüfen, inwieweit die Arzt-Patient-Kommunikation im christlichen Mittelalter deutlich unter dem Einfluss des Christentums stand und was dies für die faktische Ausgestaltung der Arzt-Patient-Beziehung bedeutete. Konkret wäre zu verifizieren beziehungsweise zu falsifizieren, dass die Beziehung im Wesentlichen vom Arzt, der als »Christus medicus« seinem Patienten gegenüber barmherzig auftreten musste, bestimmt wurde.

Daran anschließend ist in einem dritten Schritt auf die Frühe Neuzeit zu fokussieren. Es sollen hier literarische Texte der Frühen Neuzeit unter der Perspektive von Arzt-Patient respektive Patient-Arzt untersucht werden. Diese literarischen Repräsentationen stehen – im Gegensatz zum Mittelalter – unter dem Einfluss der Säkularisierung, Naturalisierung und Individualisierung. Insofern wird es hier Ziel sein, etwaige Zäsuren und Brüche in den Kommunikationsverhältnissen und in der Beziehungsgestaltung zum Mittelalter herauszuarbeiten. Immerhin stand das christliche Mittelalter stark unter dem Einfluss des »Christus medicus« respektive der »Passio Christi«. Es geht also darum, Hinweise auf Veränderungen in der Arzt-Patient-Beziehung beziehungsweise in der für das Mittelalter vermuteten Abhängigkeit des Patienten vom Arzt sowie die Qualität(en) und Kennzeichen derartiger Veränderungen deutlich herauszuarbeiten.

Schließlich und viertens sollte die These auch für das 19. Jahrhundert sowie das 20. und 21. Jahrhundert geprüft werden. Es handelt sich dabei um Texte der europäischen Literatur, in denen relevante Kommunikations- und Beziehungsmuster, die für die Medizin Bedeutung haben, analysiert werden können. Kriterium für die Textauswahl sollte dabei eine literarisch-kanonische und eine medizinhistorisch-signifikante Gewichtung der Texte sein. In diesem Rahmen geht es darum, die Veränderungen in der Kommunikation durch (1) den sozialhistorischen Wandel, (2) die zunehmende Ausdifferenzierung des Subjekt- und Autonomiegedankens und (3) die entstehende Medienvielfalt und deren Wechselwirkung mit der Literatur zu beschreiben.

Versucht man eine erste Näherung, blickt man auf die Zeit um 1800, literaturwissenschaftlich betrachtet die sogenannte Sattelzeit, die durch einen erheblichen Erfahrungswandel des Menschen markiert ist, der auch das Krankheitsempfinden und das Verhältnis von Arzt und Patient nicht unberührt lassen konnte. Reinhart Koselleck beschreibt das Aufeinanderprallen von Vormoderne und Moderne als die Konsequenz von (1) Individualisierung, (2) Verzeitlichung, (3) Verbürgerlichung, (4) Autonomie der Kunst und (5) kultureller Vergesellschaftung. Diese Phänomene stehen ihrerseits in unmittelbarem Zusammenhang mit Kommunikations- und Beziehungsstrukturen, wie sie in literarischen Texten der Zeit repräsentiert werden. Ausgehend von diesen fünf Gesichtspunkten – und mit besonderem Fokus auf den Umgang mit Gesundheit und Krankheit – ist anhand ausgewählter Textanalysen die vermutete Aufwertung des Subjekts – ob Patient, Angehöriger oder Arzt – auf der Grundlage des Autonomiegedankens einerseits und der Verbürgerlichung andererseits zu verifizieren beziehungsweise zu hinterfragen. Andererseits ist für den Bereich der Medizin zu prüfen, ob respektive inwieweit mit jener Aufwertung zugleich eine Selbsthinterfragung des Subjekts, seiner kommunikativen Möglichkeiten und seiner möglichen Beziehungsstrukturen einhergeht.

In einem weiteren Schritt sollte auf die zweite Hälfte des 19. Jahrhunderts fokussiert werden, die den zeitlichen Rahmen für den poetischen Realismus setzt und die durch den Positivismus geprägt ist. Ausgehend von den französischen Realisten erhielt die Beschreibung von sozialen Schichten einerseits und von individuellen Fallgeschichten (und damit auch von Geschichten von Kranken und über Kranke) andererseits, vor allem in Form des Bildungsromans, Einzug in die Literatur. In den zu analysierenden Texten stehen Figuren im Zentrum, deren Leben durch die voranschreitende Industrialisierung und die damit verbundene Infragestellung der Autonomie des Subjekts oder aber durch soziale Faktoren erneut in Gefahr gerät: Sie werden krank. Die Inszenierung dieser Infragestellung in Form bestimmter Kommunikations- und Beziehungsstrukturen ist wertvoll für eine Analyse.

Sowohl männliche, dann aber zunehmend auch weibliche Figuren werden in der Literatur des Realismus in konflikthaften Kommunikations- und Beziehungsstrukturen dargestellt. Mit Hilfe der Textanalyse können die Strukturen dieser Konflikthaftigkeit wie auch deren Folgen für das Individuum und die Gesellschaft beschrieben werden. In den Untersuchungen ist zu analysieren, inwieweit die um 1800 in der Literatur dargestellten neuen Kommunikations- und Beziehungsmöglichkeiten, welche die zunehmende Autonomie des Subjekts – Arzt, Patient sowie Angehöriger – kennzeichnen, in der Zeit fortschreitender Erkenntnisse und sozialer Verschiebungen Konfliktpotenziale erkennen lassen.

Und ferner sollte dann die Zeit um 1900 bis hin in den Expressionismus untersucht werden. Hier werden Kommunikations- und Beziehungsstrukturen aus literarischer Sicht, gerade auch in der Medizin, zunehmend bedeutsam. Die sogenannte Klassische Moderne ist durch eine Sprach- und Wahrnehmungskrise gekennzeichnet, die sozialhistorisch betrachtet durch einen gewaltigen Umbruch der Lebensumstände, eine rasant fortschreitende Technisierung und damit einhergehend eine neue Medienvielfalt bestimmt ist. All dies hat wesentliche Konsequenzen für die Medizin, die durch die Form und Struktur von Kommunikation und Beziehung maßgeblich beeinflusst wird. Zu fragen ist somit, inwieweit diese literarischen Quellen – im Gegensatz zu den mutmaßlich von der Aufwertung des Subjekts geprägten Texten um 1800 – die

Unmöglichkeit oder das Scheitern von Kommunikation und Beziehung beschreiben. Auf der Basis der hierbei erzielten Ergebnisse kann der Prozess der Entwicklung und Ausdifferenzierung von Kommunikation und Beziehung für das 19. bis 21. Jahrhundert herausgearbeitet werden. Dieser Entwicklungsprozess wird auf drei Ebenen beschrieben: auf einer sozialhistorischen, die den Wandel der Bedingungen nachzeichnet, auf einer individuell-subjekttheoretischen, welche die zunehmenden Möglichkeiten von Kommunikation und Beziehung wie auch die damit einhergehende Problematisierung im sozialen Umfeld erfasst, und auf einer dritten Ebene, die vor allem die Interaktion zwischen den neu gewonnen kommunikativen Möglichkeiten und der neuen Medienvielfalt erörtert. Ziel einer solchen Darstellung wäre es zu prüfen, ob beziehungsweise inwieweit eine Erweiterung der Möglichkeiten in der Medizin zugleich eine Einschränkung respektive Problematisierung von Autonomie mit sich bringt.

Eine besondere Stellung in der Beschreibung historischer Kontinuitäten und Diskontinuitäten nehmen die Zeit des Nationalsozialismus und dessen Folgen ein; aus medizinhistorischer Sicht ist die Instrumentalisierung der Heilkunde durch die nationalsozialistische Diktatur von besonderem Interesse: Die Medizin wurde zum Politikum, die Ärzteschaft zum Erfüllungsgehilfen politischer Mächte. Das hier angesprochene Themenfeld wird durch internationale exemplarische Texte repräsentiert. Kennzeichen dieser Texte ist die Unmöglichkeit von Kommunikation und Beziehung im Angesicht von Unmenschlichkeit (»Euthanasie«, Humanexperimente, Zwangssterilisation), ärztlicher Willkür und grober Missachtung der Patientenautonomie. Diese Texte stehen insofern beispielhaft für den mutmaßlichen Bruch in der historischen Beschreibung von Kommunikation und Beziehung. Gleichwohl sollen ausgehend von diesem Bruch etwaige Bemühungen um eine Anknüpfung und Fortschreibung von Kommunikation und Beziehung dargestellt werden. Ausgangspunkt dieses Versuches ist die Annahme, dass Literatur als Medium kultureller Kommunikation den Raum schafft, der dies ermöglicht. Anhand dieser Textanalyse soll auf drei Ebenen untersucht werden, ob beziehungsweise inwiefern der skizzierte Bruch Raum für ein Anknüpfen an vor bestehende kommunikative Strukturen lässt: Auf einer ersten Ebene ist dies die Infragestellung von möglicher Kommunikation (Jean Améry: *Hand an sich legen. Diskurs über den Freitod*), auf einer zweiten Ebene ist es der Mut und der Wille, Kommunikation autonom möglich werden zu lassen (Ruth Klüger: *Weiter leben*, Imre Kertész: *Roman eines Schicksallosen*), und auf einer dritten Ebene ist es die Erinnerung an die historischen (Un-)möglichkeiten (Bernhard Schlink: *Der Vorleser*, Soazig Aaron: *Le Non de Klara*, David Grossman: *Das Gedächtnis der Haut*). Aufgrund des Bruchs tritt in der Beschreibung von Kommunikation und Beziehung ein reflexives Moment hinzu. Dies wiederum markiert postmoderne Literatur und ist Ausgang für Erörterungen der Literatur seit den 1980er Jahren.

Zuletzt wären Texte ins Zentrum zu rücken, die aktuelle Forschung reflektieren und hier ist vornehmlich der Autonomiegedanke des Subjekts kritisch zu betrachten. Ziel ist es, das reflexive Moment zeitgenössischer Literatur einerseits und die Dialogizität von Literatur und Medizin andererseits exemplarisch zu analysieren.

Bevor Stimmen der Gegenwartsliteratur zum Thema von Kommunikation zwischen Patient und Arzt stellvertretend für das skizzierte diachrone Forschungsdesiderat erörtert werden, möchten wir noch auf eine Antwort auf literarische Repräsentationen von Kommunikation in der Medizin hinweisen, die sich in dem von uns herausgegebenen Lexikon *Literatur und Medizin* befindet. Das Lemma Kommunikation (Sp. 432 – 436) wurde von Eva Hermann und Jan Schildmann verfasst, die beide um eine Verbesserung der Kommunikationsstrukturen in der Medizin bemüht sind (vgl. auch. www.kim-berlin.net, abgerufen 30. 8. 2008). So heißt es in ihrem Lemma am Ende des ersten Abschnitts, der weitgehend medizinhistorische Erläuterungen beinhaltet (Hermann und Schildmann 2005: 433 f.):

> Vor allem seit den 1990er Jahren belegen empirische Arbeiten die Erlernbarkeit kommunikativer Kompetenzen. Erfahrungsorientierte Lehrmethoden, wie Rollenspiele und Gespräche mit so genannten Simulationspatienten (Schauspieler, welche die Patientenrolle einnehmen) mit anschließender Rückmeldung, führen zu einer Verbesserung des beobachtbaren Kommunikationsverhaltens von Medizinstudierenden und Ärzten.

Im Lemma folgt dann der literaturhistorische Abschnitt: Das Autorenteam verweist zum Beispiel auf Tolstojs *Der Tod des Iwan Iljitsch* (1886) als Beispiel für eine misslingende Arzt-Patient-Kommunikation. Für Iwan Iljitisch stehen die mögliche Bedrohung des eigenen Lebens und das Bedürfnis, Geschehenes erst einmal zu begreifen, im Vordergrund. Der Arzt weist aber solche Fragen zurück. Ihm geht es um seine Untersuchung und die daraus exakt abgeleitete Diagnose. – Zweitens: In Tschechows *Krankenzimmer Nr. 6* (1892) werden die Auswirkungen eines organisierten Gesundheitswesen mit einer großen Anzahl zu versorgender Patienten hinsichtlich der knappen Zeit für den einzelnen Arzt-Patient-Kontakt vor Augen geführt. Das Gefühl des behandelnden Arztes ist Langeweile, das mit einer gewissen Abstumpfung verbunden ist. – Drittens: Die Vielschichtigkeit der Kommunikation kommt in den Dialogen in Albert Camus' *Pest* (1947) zum Ausdruck. Der Arzt Dr. Rieux spricht von diagnostischer Unsicherheit und von Vorsichtsmaßnahmen angesichts der bei seinem Freund Tarrou aufgetretenen Symptome. Im gleichen Moment verabreicht er ihm ein Pest-Serum, ohne dass Tarrou dieser Behandlung explizit zustimmt. Offensichtlich genügen wenige Worte oder vielleicht ein Blick, dass der Kampf gegen Krankheit und Tod nun beginnt.

An diesem kleinen Beispiel wird bereits deutlich, welche eminente Position Kommunikationsmuster in der Literatur auf dem Gebiet von Literatur und Medizin einnehmen – und auf welche sozialhistorischen, aber auch poetischen und ästhetischen Möglichkeiten die Literatur rekurrieren kann, um Kommunikationsphänomene vielschichtig zu reflektieren, indem sie beobachtet werden. Mit dem aufgezeigten Forschungsdesiderat oben könnte so eine Kulturgeschichte der Kommunikation auf der Folie von gesund und krank, von Autonomie und Heteronomie geschrieben werden, die wiederum als spezielle Forschung auf dem Gebiet von Literatur und Medizin im Rahmen der allgemeinen Literaturgeschichte neue Perspektiven und Ergebnisse liefern könnte.

Im Folgenden stehen weitere Beispiele aus der zeitgenössischen Literatur im Mittelpunkt. Da ist zum einen Christa Wolfs Erzählung *Leibhaftig* (2002), wo eine Introspektion der Protagonistin zur Schau gestellt wird – und zwar als ganz eigenes Kommunikationsmedium. Es ist Wolfs Bericht über die »Hadesfahrt« einer todkranken Frau, die ohne Namen bleibt. Zugleich ist *Leibhaftig* Abbild des Endes der DDR, also Abbild des Zusammenbruchs zweier Systeme, des politischen wie des individuellen. Das erinnert an Ingeborg Bachmanns Komposition ihres Romanfragments *Das Buch Franza* (1965/66), in dem Franza die Kriegsgeschichte wie auch ihre eigene Geschichte verinnerlicht hat. Man kann durchaus davon sprechen, dass Franza hier zum sogenannten Symptomkörper männlicher – das heißt faschistischer – Gewalt wird; um mit Christa Wolfs Worten zu sprechen: Sie wurde deren »leibhaftig«. Für den Kontext der Mensch-Mensch-Beziehung beziehungsweise der kommunikativen Verhältnisse ist interessant, dass ihr Bruder Martin, zwischen beiden wird eine inzestuöse Beziehung symbolisch suggeriert, Franza von den schrecklichen Erinnerungen an die gescheiterte Ehe mit Jordan löst. Jordan ist Psychoanalytiker und er hat Franza in sein Buchprojekt über Spätschäden an weiblichen Häftlingen eingeschrieben, ohne ihrem Namen Raum zu geben. Er hat sie ausgelöscht, zugleich aber verinnerlicht: »Der Professor, das Fossil hatte ihm die Schwester zugrunde gerichtet.«

Diese Verbindung zwischen Politischem und Individuellem ist in *Leibhaftig* berührend in Szene gesetzt, wenn die namenlose Protagonistin gegen eine Vergiftung ankämpfen muss. Die Ärzte suchen lange Zeit nach dem Ursprung dieser Vergiftung – doch vergeblich. Das Abwehrsystem mag nicht mehr. Fieber kommt hinzu – die namenlose Heldin phantasiert: Vergangenheit wird im Fiebertraum gegenwärtig, ja eben »leibhaftig«. Sie erinnert einen Menschen, der ihren Weg begleitet hat, und zwar in der Bewegung vom Freund zum Feind. Sein Leben endet tragisch, das der namenlosen Protagonistin glücklich. Für ein Verständnis der Beziehungsverhältnisse hilft es, ein wenig bei Wolf (2002: 5 – 10) zu lesen:

> Verletzt. Etwas klagt, wortlos. Ein Ansturm von Worten gegen die Stummheit, die sich beharrlich ausbreitet, zugleich mit der Bewußtlosigkeit. Dieses Auf- und Abtauchen des Bewußtseins in einer sagenhaften Urflut. Inselhaft das Gedächtnis. Wohin es sie jetzt treibt, dahin reichen die Worte nicht, das soll einer ihrer letzten klaren Gedanken sein. Es klagt. In ihr, um sie. Niemand da,

der die Klage annehmen könnte. Nur die Flut und der Geist über den Wassern. Seltsame Vorstellung. Sie flüstert, aus alt geübter Höflichkeit, mit ihrer dicken lahmen Zunge: Dass Krankenwagen so schlecht gefedert sind. Ein Satz, den der Arzt, der auf dem Notsitz neben ihrer Trage hockt, mit Eifer, merkwürdig entzückt aufgreift. (…) Der Arzt läßt nicht nach, in sie zu dringen. Die Spritze hat nicht gewirkt, das war zu erwarten. Sie soll sich anstrengen, damit ihr das richtige Mittel einfällt. Du hast ihnen also gesagt, dass es häufiger solche Anfälle und dass es ein Mittel dagegen gibt, welches du nicht kennst, weil du dir die Namen von Medikamenten grundsätzlich nicht merken kannst. Denk doch nach, höre ich dich. Als ob du mir böse bist, dass ich so vergesslich bin. Es muss ihr einfallen. Für diesen Notfall könnte ihr Gehirn den Generalstreik aussetzen. Sie stellt sich die Schachtel vor, in der das Medikament steckt. Sie ist blaßgrün, die Schrift darauf ist weiß. Jetzt kann sie den Namen ablesen. Flüsternd gibt sie ihn an den jungen Arzt weiter, der Notdienst hat, Notdienst, laut wiederholt er den Namen, fragend, sie senkt und öffnet bejahend die Lider. Der Arzt hat sich auf ihr Verständigungssystem eingestellt, er scheint jetzt mit ihr zufrieden zu sein, sie hört ihn der Schwester eine Weisung geben. – Haben wir es da? – Wir haben. – Dann ist es ja gut.

In dieser Passage aus Wolfs *Leibhaftig* werden gleich mehrere Kommunikationssysteme bedient: Zum einen ist es die tatsächliche Kommunikation zwischen Arzt und Patientin, die aber nur zaghaft stattfinden kann, weil die Patientin Sprechstörungen hat – es ist von einer lahmen Zunge die Rede –, und weil der Patientin die Erinnerung an den Medikamentennamen versagt. Erst als sie sich die Packung in ihrer Plastizität und Farblichkeit versucht vor Augen zu führen, kann sie den Namen erinnern und ihn leise dem Arzt mitteilen. Diese Kommunikation gründet auf der Zuwendung des Arztes zur Patientin; er will ihr unbedingt den Namen des Medikaments entlocken und lässt sich auf einen Einstieg in eine Kommunikation ein: Hier wird zunächst einmal über alltägliche Schwierigkeiten im Notfalldienst gesprochen, und zwar über die schlechte Federung der Liege, die die Patientin beklagt. Dieser banal erscheinende Einstieg ermöglicht der Patientin dann schließlich die Erinnerung an den Namen des Medikaments und rettet sie endlich, wenn es heißt, dass das Medikament auch vorrätig ist. Der Arzt verkörpert hier also den fürsorglichen und der Patientin ganz zugewandten Typus, der durch Aufmerksamkeit auf kleine und große Handlungsabläufe – wozu hier auch das Gespräch über die Härte der Liegen zählt – Kommunikation, einen Prozess des Sprechens zwischen ihm und der Patientin ermöglicht.

Diese Zuwendung, die die Patientin als aufmerksam und respektvoll in ihrer momentan geschwächten, auch labilen und ihr wohl »peinlichen« Situation erscheinen lässt, in der sie überlebenswichtige Namen nicht erinnern kann, lässt eine zweite Kommunikation erwachsen: Es ist die introspektive Kommunikation, die das Ich mit seinem Inneren beginnt zu entspinnen, und die letztlich – auch bedingt durch das Setting der äußeren Kommunikationshandlungen – zu seiner Rettung führt. Die introspektive Kommunikation verdeutlicht in einer Art »stream of consciousness« die Emotionen, mit denen die Patientin in der für sie lebensbedrohenden Situation konfrontiert ist. Dieser Dialog wird dargestellt als Zwiesprache zwischen dem Ich und einem Du, das freilich an die im Bewusstsein des Ich nicht mehr abrufbaren Strukturen appelliert: »Denk doch nach, höre ich dich«. Und dieser Dialog nimmt, wie oftmals bei Christa Wolf, mythopoetische Spuren an: Die Reise ins Innere, die das Ich hier vollzieht, zu den Tiefen seines Erinnerungsvermögens, das oftmals nicht funktioniert, kulminiert in der Erinnerung an einen lebensrettenden Namen. Das ist genau die Struktur, wie sie Hans Blumenberg für das Aufkommen und Bestehen von Mythen beschrieben hat: Als Erstes und als Letztes steht der Name, der Erinnerung wach ruft und das Numinose, das nicht rational zu bewältigen ist, in etwas Vorstellbares transformiert (von Jagow 2003: 36–40). Diesen Prozess beschreibt das Ich über die Vorstellung der Medikamentenpackung, die plötzlich Plastizität und Farbe gewinnt, und eben in diesem Moment wird auch der Name abrufbar.

Insofern könnte man die introspektive Kommunikationssituation nochmals gliedern in eine tatsächliche Kommunikation, die in der Romanhandlung zwischen dem Ich und seinem inneren Gegenüber abläuft, und in eine imaginäre Spur, die als mythopoetisches Muster diesen introspektiven Dialog begleitet, genauer gesagt: strukturiert. Durch dieses Strukturelement gelingt es im Text auch, die Bedeutsamkeit der eigentlich banalen Szene des Erinnerns einer Medikamentenpackung zu etablieren. Sie wird sinnhaft aufgeladen, weil plötzlich der lebensrettende Name mit ihr in Verbindung gesetzt wird.

Zusammenfassend kann man also festhalten, dass äußere und innere Kommunikationshandlungen, die real, unbewusst und imaginär stattfinden, eng miteinander verknüpft sind, sich gegenseitig sogar bedingen. Ausgangpunkt ist die aufmerksame Bemühung des Arztes um Kommunikation mit der Patientin, die sodann einen introspektiven Dialog ermöglicht, der schließlich zur Rettung der Patientin – über eine tatsächlich stattfindende Kommunikation: die Nennung des Namens durch die Patientin an den Arzt – führt. Eine krisenhafte Situation eines Ich kann so durch kommunikative Akte analysiert werden und führt zu einem neuen Zustand der Patientin: von einem kranken in einen genesenden Zustand einerseits; von einer ängstlich-zurückgezogenen (das Erinnerungsvermögen versagt immer) in eine erleichtert-sprachgewandte Ebene des Ich andererseits.

Abschließend stellt sich die Frage, was sich nun aus der Gegenwartsliteratur für eine Kulturgeschichte der Medizin gewinnen lässt. Abbild können literarische Repräsentationen nur bedingt sein, so kann man also – um den Begriff der Stimme noch einmal aufzugreifen – Stimmen der Gegenwartsliteratur hören, um daraus so etwas wie ein Stimmungsbild abzuleiten. Ist dieses Stimmungsbild eine die aktuelle Medizin und ihre soziale Eingebundenheit positiv oder aber kritisch reflektierende »Wertung«? Was kann man für die Kommunikationsstruktur zwischen Patient und Arzt gewinnen? Kann man nicht eine sublime Medizinkritik erahnen, die ästhetisch avanciert umgesetzt wurde? Diese ausgewählten Fragen zeigen alle, wie viele andere auch, dass auf dem Gebiet von Literatur und Medizin gerade in poetischer und ästhetischer Perspektive einerseits, als Gewinn einer Relektüre der Geschichte der Medizin andererseits große Forschungsarbeit ansteht. Dieses Kapitel hat vor allem die Desiderate aufgezeigt und nur an wenigen, ausgewählten Beispielen verdeutlicht, in welche Richtung eine solche Forschungsarbeit gehen könnte. Ausschlaggebend ist hierbei, dass es nicht mehr nur um Themen wie spezifische Krankheiten geht, sondern dass Aspekte wie etwa Kommunikation, Autonomie oder aber Gesundheit als verborgene Kategorie mehr Gewicht bekommen, ja in den Fokus einer kulturgeschichtlichen und -wissenschaftlichen Meinungsbildung geraten. Das verweist wiederum zugleich auf die Bedeutsamkeit des Themas von Literatur und Medizin als bisher randständiges Gebiet der Literaturwissenschaft. In der Literatur wurde vornehmlich thematisch gearbeitet, indem Krankheiten literarisch aufgegriffen wurden. Freilich bestätigen Ausnahmen die Regel: Mit der Erforschung von Wahrnehmungsparadigmen, etwa von Schmerz, stehen eben solche Kategorien zur Diskussion, die sowohl thematisch, aber auch kulturwissenschaftlich ergründet werden können – und positiv sei hier nur ganz exemplarisch Hermann (2006; vgl. hierzu auch Gilman 2008b) genannt.

Vierte Näherung: Ärzte als Literaten – Literaten als Ärzte

Literaten beschäftigen sich mit der Medizin. Sie setzen sich mit ihr auseinander und greifen in ihrem literarischen Schaffensprozess auf Medizinisches thematisch zu (1), wenn diese zum Beispiel das Thema der Sterbehilfe oder der Organtransplantation inhaltlich aufgreifen. Von dieser ersten Gruppierung sind (2) diejenigen Literaten zu differenzieren, die sich zwar ebenfalls mit der Medizin beschäftigen, aber weniger inhaltlich-thematisch als vielmehr theoretisch-anthropologisch. Gemeint ist hier beispielsweise eine Literatur, in der die Verfasstheit des Subjekts Gegenstand ist, und zwar ausgehend und inspiriert von der Autonomie-, spezieller Patientenautonomie-Diskussion in Medizin und Gesellschaft. Darüber hinaus sind von diesen Literatengruppierungen, die beide in ihrem Schaffensprozess eine Nähe zur Medizin eingehen, Menschen abzugrenzen, die qua Sozialisation der Medizin nahe sind und die ebenfalls literarisch tätig sind. Gemeint sind freilich Ärzte, die ebenfalls Literaten sein können und sich dabei – ähnlich obiger Differenzierung – thematisch an der Medizin als literarischem Gegenstand abarbeiten (3) oder gar ganz fern medizinischer Thematik Literatur verfassen (4).

In unserem Lexikon *Literatur und Medizin* (von Jagow und Steger 2005) haben Dietrich von Engelhardt und Horst-Jürgen Gerigk gemeinsam das Lemma *Ärzte* übernommen (von Engelhardt und Gerigk 2005). Sie teilen den Gegenstand in vier Bereiche ein:
Ärzte als Schriftsteller (Horst-Jürgen Gerigk)
Ärzte als literarische Figuren (Horst-Jürgen Gerigk)
Ärzte als Forscher (Dietrich von Engelhardt)
Ärzte als Schriftsteller (Dietrich von Engelhardt)

Gerigk beginnt, indem er Dieter Kerner zitiert »Nirgendwo im Bereich der schönen Künste sind die Ä. während der vergangenen Jahrhunderte schöpferischer gewesen als gerade auf literarischem Gebiet« und er fährt selbst mit den Worten fort: »Hinzuzufügen bleibt, dass weder unter Ingenieuren, Chemikern, Architekten oder Biologen die Zahl berühmter Dichter so groß ist wie unter den Ä. Kurzum die Medizinische Fakultät ist auf diesem Feld ungeschlagen (...)« (von Engelhardt und Gerigk 2005: 16f.). Wie zahlreich diese Autoren waren, verrät ein Blick in Dietrich von Engelhardts Gesamtdarstellung (von Engelhardt 2001) oder Klimpels Lexikon zu den *Schriftsteller-Ärzte[n]* (Klimpel 1999). Um sich einen weiteren Eindruck von der Facette ärztlicher Poesie zu machen, lohnt ein Blick in den von Stephan Tobolt herausgegebenen, mehr als 600 Seiten starken *Almanach deutschsprachiger Schrift-steller-Ärzte*, der 2008 im 30. Jahrgang erschienen ist. Hier findet man lite-rarische Reflexionen deutschsprachiger Ärztinnen und Ärzte vereint. Eine wissenschaftliche Beschäftigung mit diesem Almanach steht noch aus. Und in diesem Zusammenhang sollte auch nicht die jährlich erscheinende [sic] *Zeitschrift für Literatur* unerwähnt bleiben, die von Christoph Wenzel und Daniel Ketteler herausgegeben wird (www.siconline.de, abgerufen 28.8.2008). Die Zeitschrift hat zwar nicht dezidiert auf Medizin fokussiert, enthält aber viel Medizinisches. Zudem ist Ketteler selbst Arzt, so dass auch der folgende prosaische Ausschnitt einer Skizze von Ketteler zu Beginn des Heftes 2 aus dem Jahr 2006 nicht verwundert:

> Abends ruht der Blick dann auf den eigenen vier Wänden, erholt sich vom Nystagmus des Tages, die Situation ist wieder weitgehend unter Kontrolle. Nur noch das beunruhigende Knacken des Plastikwandschranks ist zu ver-nehmen, und zwar immer dann, wenn die Untergrundbahn unter den Häu-sern wie eine wilde Ratte herumsaust. Wenig zeugt von der aufregenden Pulsation des Tages.
> Der Moment für ein Gedicht?
> Lyrik als ein psychosomatisches Grundbedürfnis, ein sprachliches Wechsel-spiel aus nervöser Hektik und Kontemplation, ein ständiges sich Äquili-brieren zwischen den Takten, Frequenzen und Sinuskurven des eigenen Or-ganismus.

Ein beeindruckender Literat ist auch der Münchner Arzt Jens Petersen. Pe-tersen hat 2005 seinen ersten Roman *Die Haushälterin* (München 2005) vor-gelegt, für den er mehrere Auszeichnungen erhielt. Es geht hier um eine vielschichtige Vater-Sohn-Beziehung, die in einer starken Bewegung be-schrieben ist. In Petra Bahrs Laudatio der Evangelischen Kirche Deutschlands, deren Evangelischer Buchpreis Jens Petersen im Jahr 2007 erhalten hat, liest man (www.ekd.de/vortraege/070523_bahr_buchpreis.html, abgerufen 30.8. 2008):

> Der Leser wird vielmehr einbezogen in den Prozess der Enträtselung der Welt, und zwar ohne Demagogie oder Seelenlenkung. So atmet dieses Buch auch den Geist der Freiheit – einer Freiheit, die ohne große Geste daher kommt, die sich nicht marktschreierisch anbietet oder die Brüche des Lebens souverän überfliegt, wie die Freiheit, die im Kitsch zuhause ist. Die Freiheit, die uns aus Petersens Buch anweht, wächst in den Fugen und Bruchkanten der Lebens-geschichten. Sie duldet auch Traurigkeit neben sich und sogar das Ende der Sprache. Sie ist gegen Rätsel und Gesprächsabbrüche nicht gefeit. Und sie provoziert Entscheidungen, die gegen das eigene Herz getroffen werden. Denn sie entspringt der Liebe, dieser erstaunlichen, verrückten und verletz-lichen Energie des Lebens, die wir nicht im Griff haben und die nicht auf

Begriffe zu bringen ist. Was da bleibt, ist Poesie. Auch wenn sie im Prosaton daher kommt.

»Man könnte den Doppelberuf Arzt und Dichter als geradezu eine ideale Symbiose bezeichnen«, schreibt Kulessa (2005) im Klappentext ihrer Anthologie *Herznaht. Ärzte, die Dichter waren* (vgl. auch Kulessa 2007). Sie bestimmt diese Symbiose als Auswahlkriterium der dort versammelten Texte, die von »Benn bis Schnitzler« reichen, um den zweiten Teil des Untertitels zu zitieren. Es handelt sich also um eine Sammlung von zwölf – nicht immer bekannten – Schriftstellern, die zugleich Mediziner waren. Kulessa spannt den Bogen von Gottfried Benn, Michail Bulgakow, Hans Carossa, Justinus Kerner bis hin zu Ernst Weiss sowie Friedrich Wolf. Darunter findet sich keine Frau, und Kulessa (2005: 204) begründet dies selbst: »(…) weil – zumindest mir – keine Ärztin bekannt ist, die zugleich den Beruf der Schriftstellerin ausgeübt hat«. Thematisch wird ein Bogen gespannt, der vom Arzt, der Krankenschwester, der kranken Frau, dem kranken Kind bis hin zu den Genesenden reicht.

Ärzteliteratur beziehungsweise ästhetisierte medizinische Literatur vermag bisweilen sogar pathologische Sachverhalte griffiger darzustellen. Phänomene, die nicht mit einem naturwissenschaftlichen Bild vom Menschen fassbar sind, können durch das ästhetische Potenzial der Künste, speziell der Literatur, aufgefangen werden. So kann Literatur dazu beitragen, dass der Mensch in seinen physiologischen wie auch in seinen pathopsychologischen, somatischen wie psychischen Dimensionen verständlicher wird (vgl. hierzu auch die Beiträge in Mauser und Pietzcker 2008).

Sigmund Freud (1856–1939) hat Geschichte geschrieben (Gay 1995) und er darf heute durchaus auch als Weltliterat (Steger 2007b; zum Verhältnis von Literatur und Psychoanalyse vgl. auch Anz und Pfohlmann 2006) angesehen werden. Zeit seines Lebens musste er sich demütigen lassen. Als Arzt und kreativer Wissenschaftler wurde er gerade in Wien diskriminiert. Er lebte dort am Rande und fern wissenschaftlicher Anerkennung. Und doch schuf er sich seit 1892 in der Berggasse 19 einen Raum der Kreativität. Er lebte als Jude ohnedies ständig in der Spannung zwischen Assimilation und Rückbezug auf die Traditionen. Als kranker Mann war er zudem stigmatisiert. Dieses Stigma beutelte ihn. Als Freud sich schließlich 1938 nach London in Sicherheit bringen musste – oder vielleicht besser gesagt: konnte – blieb ihm nur noch wenig Zeit. Und doch: Freud ließ sich von all diesen Widrigkeiten und Hindernissen nicht zu stark beeinträchtigen. Er blieb kreativ, schuf Neues, sehr Anspruchsvolles, das er zur Diskussion stellte und alles andere als hermetisch verstanden wissen wollte. Er war kreativ, arbeitete an Fragen des Geistes und Gehirns und dies auch nach der schriftlichen Fixierung von Gedanken und theoretischen Überlegungen, die Teil der von ihm begründeten Psychoanalyse wurden. Ganz im Sinne seiner theoretischen Grundannahme der freien Assoziation (Analysand) auf der einen Seite und der gleich schwebenden Aufmerksamkeit auf der anderen Seite (Analytiker) erwies er sich, der Meister, zugleich als sein bester Schüler, insofern er sich das Reagieren vorbehielt, das veränderte Reagieren, Assoziieren und Kommentieren.

Als Nestor der Psychoanalyse wurde Freud lange Zeit immer wieder missverstanden sowie missinterpretiert. Dies ist zum Teil noch heute der Fall. Mit Sicherheit ist davon auszugehen, dass Freud alles andere als stur, alles andere als in sich abgeschlossen war. Er war es, der trotz starker Demütigung und Kränkung den Kontakt zu anderen suchte. Er war es, der die »Mittwochsrunde« ins Leben rief. Er war es, der immer wieder und gerne im Ausland Vorträge hielt, sich für Diskussionen zur Verfügung stellte. So lassen sich auch scheinbare Widersprüche, die mancher Kritiker immer wieder gerne ins Feld zieht und die sich (angeblich) in seinem großen Werk finden lassen, erklären. Freud verstand seine Wissenschaft als eine im Fluss befindliche. Er gewann seine Erkenntnisse, seine Überlegungen, seine theoretischen Annahmen aus der konkreten Arbeit mit seinen Analysanden. Und so bunt und zahlreich seine Analysanden waren, so vielschichtig ist eben auch sein Werk. Freud hatte die Größe, von mancher Position abzulassen und diese zu revidieren. Er hielt nicht unverbesserlich an einer Ansicht fest, wenn er eines besseren belehrt wurde. All dies sind Argumente für Freuds schöpferisches Potenzial als Weltliterat.

Freuds Werk ist sehr umfangreich, es füllt ganze Bände. Neben den *Gesammelten Werken* sind zahlreiche Briefwechsel bereits ediert, andere sind als Edition geplant, darüber hinaus gibt es mannigfaltige Interviews und Stellungnahmen, die bis heute nicht kritisch erfasst sind. Will man sich einen Einblick in das Werk Sigmund Freuds verschaffen, ist das anstrengend und zeitintensiv. Sehr viel und durchaus lesenswert hat er über Gehirn und Geist geschrieben. Sein Werk ist nicht nur inhaltlich faszinierend, sondern man liest Freuds Schriften auch gerne, da er aus seiner konkreten praktischen Arbeit berichtet und damit seine theoretischen Überlegungen anschaulicher macht. Freud ist nicht nur Arzt gewesen, er ist nicht nur Nestor der Psychoanalyse, sondern er ist auch ein anspruchsvoller Schriftsteller von Weltrang und Weltruf. Sein Werk hat über den deutschsprachigen Raum hinaus große Bedeutung erlangt. Seine Schriften sind in zahlreiche Sprachen übersetzt.

Freud hat Bedeutung für die Psychoanalyse als therapeutische Methode. Darüber hinaus ist Freud mit seinem Werk aber auch für die angrenzenden Wissenschaftsgebiete, gemeint sind hier die Kulturwissenschaften, von höchster Herausforderung und Anregung (Lohmann und Pfeiffer 2006). Schließlich ist er auch Literat, was bisher zu wenig gewürdigt wurde, was aber zweifelsohne der Fall ist. Wie stark Freud an kulturellen Spuren interessiert ist, verrät schon seine Begeisterung für die Antike und die damit verbundene Sammelfreude. Noch eindrücklicher hat Freud dies gemacht, da er für sein psychoanalytisches Beschreibungsinventar aus der antiken Mythologie schöpfte und damit seine Affinität zur Weltliteratur zeigte. So werden im Mythos doch allgemeine Strukturen unter gewandelten Bedingungen aufgerufen und neu entdeckt. Im modernen Regietheater, wie es beispielsweise bei Heiner Müller der Fall ist, wird am Mythos gearbeitet und der antike Stoff mit der Gegenwart konfrontiert. Axel Karenberg hat in seiner bemerkenswerten Arbeit über die Präsenz der antiken Mythologie in der Sprache der modernen Medizin auch auf antike Vorbilder für die Seelenforschung (Karenberg 2005: 76–83) hingewiesen: Freud bedient sich – nach Henry Havelock Ellis und anderen – des antiken Narkissos, des eitlen Selbstbewunderers, um seinen »Narzißmus«, eine Spielart des Autoerotismus, einzuführen. Und in seinem Jahrhundertwerk *Die Traumdeutung* (1900) spricht Freud explizit über die Tragödie des Sophokles mit dem Titel *König Ödipus*. Freud zieht aus der Tragödie den Terminus »Ödipus-Komplex« und meint damit folgende grundsätzliche Konstellation: Der Sohn begehrt unbewusst seine Mutter und hasst seinen Rivalen, den Vater. Im Laufe seiner Entwicklung fühlt sich der Sohn deshalb schuldig, was ihn prägt. Man könnte viele weitere Beispiele anführen, in denen sich Freud der Mythologie bediente. Freud besinnt sich also antiker Spuren in seinem Versuch der psychoanalytischen Theoriebildung, indem er auf die antike Mythologie rekurrierte, wie dies viele Literaten getan haben (Aischylos, Sophokles, Euripides) und noch heute tun (Raoul Schrott, Botho Strauß, Christa Wolf).

Doch die *Traumdeutung* ist auch unter einer weiteren Beziehung des Verhältnisses von Arzt und Literat aufschlussreich: Sigmund Freud entwickelte die Ausführungen in seiner *Traumdeutung* auf einem prägenden Erlebnis: Es ist der Tod seines Vaters am 23. Oktober 1896. Das Verhältnis Freuds zu seinem Vater war in Kindheit und Jugend eher unterkühlt, jedenfalls von keiner besonderen emotionalen Aufgeladenheit – ganz im Gegenteil zu dem zu seiner Mutter. Freuds Trauer über den Tod des Vaters im Jahr 1896 war allerdings ungewöhnlich in seiner Intensität. Ungewöhnlich, so Peter Gay in seiner Freud-Biographie (Gay 1995: 105), war sie aber auch »in der Art, wie er wissenschaftlichen Nutzen aus ihr zog, indem er sich wenig von seinem Verlust distanzierte und gleichzeitig Material für seine Theorien sammelte«. In diesem Zusammenhang ist auch interessant, dass Freud sich selbst in den Tagen der Trauer beobachtete, dass er nämlich eine Art Schuldgefühl der Überlebenden verspürte. Das drückt er in einem Brief am 2. November 1896 an Fließ aus: Er verspüre eine Neigung zum Selbstvorwurf, die sich regelmäßig bei den Überlebenden einstellt (Gay 1995: 106). Mit der Schrift der *Traumdeutung*, so die Schlussfolgerung, verarbeitet Freud über die Selbstanalyse den Tod seines Vaters, indem er seine eigenen Träume analysiert und sie den Traumanalysen, die er früher und zeitgleich vornimmt, an die Seite stellt. Eigenes und Fremdes vermischen sich auf diese Art in der *Traumdeutung*, welche beide eine besondere Bedeutung für den Autor besitzen. Das rückt Freud im zweiten Vorwort zur Auflage von 1908 aus: Das Buch besitze eine starke subjektive Bedeutung für ihn, was er erst nach seiner Beendigung verstehen könnte. Er sehe das Werk als Stück einer Selbstanalyse, als seine Reaktion auf den Tod des Vaters und also auf das bedeutsamste Ereignis, fügt

Freud hinzu, den einschneidendsten Verlust im Leben eines Mannes (Gay 1995: 106f.).

Nicht zuletzt ist Freud auch in seiner Arbeit als Psychoanalytiker Literat. Zumindest erfüllt Freud bei seiner psychoanalytischen Arbeit Kriterien eines Literaten. Er lässt sich auf anderes ein, bekommt Anregungen, reagiert darauf mit seinen spontanen Assoziationen, gibt dies zuerst relativ ungeschützt von sich und hält diese – vielleicht zu späterer Stunde – in geregelteren Bahnen fest. Der kreative Prozess lässt sich also beschreiben als einer, der von der spontanen und noch relativ ungeordneten Assoziation auf äußere Reize hin zur geordneten und schriftlichen Fixierung von Gedanken, Ideen und Erfahrungen reicht. Dieser kreative Prozess dürfte Freud als Analytiker und als Schriftsteller gemeinsam sein. Noch eine weitere Parallele ist bemerkenswert, die beide – den Analytiker und den Literaten – verbindet. Es ist dies der kreative Prozess des novellistischen Schreibens, wenn es beim Analytiker um das Verfassen eines Stundenprotokolls geht. Der Analytiker fasst seine subjektive Erinnerung an die Wahrnehmungen während der analytischen Stunde, das heißt während des Prozesses von freier Assoziation und gleich schwebender Aufmerksamkeit, nachträglich und ebenso kreativ wie der Analysand im freien Assoziieren ist, in Form eines Stundenprotokolls zusammen. Was ist dies anderes als eine literarische Schöpfung? Freud ist also durch sein Werk, durch das überlieferte und bisher edierte, durch das theoretische, in dem es ihm um die Vermittlung theoretischer Annahmen und weiterer Zusammenhänge ging, aber auch durch seine Arbeit als Psychoanalytiker Weltliterat.

Nicht immer sind aus ärztlichen Federn große literarische Texte entstanden, die hohen ästhetischen Wert für sich in Anspruch nehmen könnten. Es gab und gibt zahlreiche Ärzte, die das Schreiben als eine Form des Ausgleichs – vielleicht auch als Bewältigungsform – sahen und sehen: »Nun haben viele Ärzte, um von der großen Verantwortung, der physischen und psychischen Belastung ihres Berufes auszuspannen, geschrieben. Sie haben es nicht ohne Anspruch getan, doch ohne Anspruch, ein Dichter zu sein« (Kulessa 2005: 205). Literatur kann verarbeiten helfen, sie ist Mittel des Coping, das heißt der Kranheitsbewältigung und immer auch der Verarbeitung des Alltäglichen. Auf den Aspekt des Coping im Zusammenhang von Literatur und Medizin hat nicht zuletzt Dietrich von Engelhardt immer wieder hingewiesen (von Engelhardt 1986; zur weiteren Bedeutung von Poesie- und Bibliotherapie vgl. Nevanlinna 2005 und Ridder 2008).

Gravenkamp (2004) hat gezeigt, wie Fontane, der immerhin gelernter Apotheker war, seine Krankheit(en) verarbeitet hat. Wenngleich auch Gravenkamps Ansatz, Fontanes Krankheit(en) auf die Spuren zu kommen, hinsichtlich der kritisch zu diskutierenden Frage nach retrospektiver Diagnostik (Leven 1998) nicht unproblematisch ist, zeigt er doch einen ganz wichtigen Zugangsweg auf: den der Patienten. Nicht nur Ärzte, sondern auch Patienten sowie deren Angehörige sind Literaten. Sie finden im literarischen Schaffen die Möglichkeit, Wahrnehmen, Erfahren und Erleben ihrer Krankheit beziehungsweise ihrer Angehörigen kritisch zu reflektieren (vgl. für Thomas Mann Sprecher 2005). Bisher ist dieser Bereich ein Desiderat der Forschung geblieben, so dass in diesem Buch kein Kapitel »Patienten als Literaten« enthalten ist. Zu wünschen ist diesem Thema in jedem Fall eine größere Aufmerksamkeit. Erfreulicherweise wird, angestoßen durch Roy Porters Perspektive einer »History From Below«, seit etwa 20 Jahren vermehrt patientenorientierte Geschichte verfasst (vgl. für die Antike Steger 2007c).

Für den Arzt kann Literatur eine Form sein, in der er sein Tun und Handeln verarbeiten kann, wie dies zum Beispiel Gottfried Benn zeigt. Über Benn schreibt Klimpel (2006: 7):

> Gottfried Benn, der wohl wie kaum ein anderer die Misere dieses Doppellebens erlitten und beschrieben hat, spricht von einem ›belanglosen Dasein als Arzt‹ und davon, dass ihn der Arztberuf nicht innerlich beschäftigt habe. Man fragt sich jedoch, woraus denn sonst als aus der Auseinandersetzung mit der eigenen Tätigkeit so berühmte Gedicht wie ›Morgue‹ entstanden sind.

Nicht zuletzt deshalb geht es im Folgenden um Benns ärztliches Selbstverständnis in seiner frühen Lyrik. Zu den folgenden Überlegungen hat Jürgen Brunner (München) beigetragen, dem wir hierfür herzlich danken.

> Mir klebt die süße Leiblichkeit / wie ein Belag am Gaumensaum. / Was je an Saft und mürbem Fleisch / um Kalkknochen schlotterte, / dünstet mit Milch und Schweiß in meine Nase. / Ich weiß, wie Huren und Madonnen riechen / nach einem Gang und morgens beim Erwachen / und zu Gezeiten ihres Bluts – / und Herren kommen in mein Sprechzimmer, denen ist das Geschlecht zugewachsen (…) Die Krone der Schöpfung, das Schwein, der Mensch –: geht doch mit anderen Tieren um! (…) Was kläfft ihr denn? Ihr sprecht von Seele – was ist eure Seele? (Benn 1998: 14f.).

1912 veröffentlichte Gottfried Benn als junger Arzt seinen ersten Gedichtband *Morgue und andere Gedichte*. Dieser Band – obwohl anonym veröffentlicht – hat vielleicht wie keine andere Lyrikpublikation jener Jahre Aufmerksamkeit erregt. Mit den *Morgue*-Gedichten ist Benn von heute auf morgen einer derjenigen Lyriker geworden, die heute im kulturellen Gedächtnis als Avantgardisten, Expressionisten und Schriftsteller präsent sind, mit denen man drastische, ja Ekel erregende Darstellungen, Realitätsnähe und Dichtung als Vorführung ärztlicher Handlungen assoziiert (vgl. zu Benn Arnold 2006).

Das Gedicht *Der Arzt*, dem die vorangestellten Zeilen entnommen sind, folgt unmittelbar den *Morgue*-Gedichten. Hier spricht der junge Benn in christlicher Tradition vom »Mensch« als »Krone der Schöpfung«. Doch er setzt in pervertierter Form den Menschen dem »Schwein« gleich und fordert den Menschen auf, mit anderen, edleren Tieren Umgang zu haben, anstatt den Menschen aufzufordern, zurück zum Menschen zu gehen. Die Genealogie des Menschen wird blasphemisch zum Ausdruck gebracht:

> Mit Pickeln in der Haut und faulen Zähnen
> paart sich das in ein Bett und drängt zusammen
> und säet Samen in des Fleisches Furchen
> und fühlt sich Gott bei Göttin.

Wenn Benn hier den Menschen dem Tier gleichsetzt, muss er unweigerlich auch nach den Qualitäten seiner Seele fragen. Verunreinigung auf physischer wie metaphorisch evozierter psychischer Ebene bestimmt die Sicht auf den Menschen:

> Mit siebzehn Jahren Filzläuse,
> zwischen üblen Schnauzen hin und her,
> Darmkrankheiten und Alimente,
> (...)
> Verkackt die Greisin Nacht für Nacht ihr Bett.

Der Mensch erscheint hier animalisch, gesteigert bis zum äußersten Vergleich mit einem Schwein. Es ist also ein denkbar negatives Bild vom Menschen gezeichnet:

> (...) aber selbst was heil
> endlich ans Licht quillt, ist nicht eben viel,
> (...)
> Spaziergang –: Föten, Gattungspack (...)

Beim Titel *Der Arzt* erwartet der Leser eigentlich einen guten, auf den Patienten bedachten Arzt, der helfen und heilen will. Er ist darum bemüht, sich für seinen Patienten einzusetzen, ihm Gutes zu tun und Schaden von ihm abzuwenden. Zumindest ist dies das gewöhnliche ärztliche Ethos, das spätestens im Hippokratischen Eid gefestigt wurde (Steger 2008a). Doch was der Leser wahrnimmt, entspricht nicht seinen Erwartungen. Vielleicht ist aber auch das gemeine ärztliche Ethos zu Beginn des 20. Jahrhunderts schon ein anderes?

Benn äußert sich autoreflexiv über den Gang seines Lebens, das Wilhelm Große (2002: 5–23) – in Anlehnung an Benns *Selbstdarstellungen* (Benn 1984) – treffend als *Doppelleben* aufnimmt; als Spannung zwischen akademisch Gebildetem, als Arzt, und als suchendem Literaten, als Nachdenker über sich selbst. Unter dem Titel »Doppelleben« fasst Benn die zwei Selbstdarstellungen *Lebensweg eines Intellektualisten* (1934) und *Doppelleben* (1950) zusammen. Große (2002: 11–12) zitiert in diesem Zusammenhang aus *Epilog und lyrisches Ich* (Benn 1968: 1873 f.) treffend:

> Geboren 1886 als Sohn eines evangelischen Pfarrers und einer Französin aus
> der Gegend von Yverdon in einem Dorf von dreihundert Einwohnern etwa in
> der Mitte zwischen Berlin und Hamburg, aufgewachsen in einem Dorf der-
> selben Größe in der Mark. Kam aufs Gymnasium, dann auf die Universität,
> studierte zwei Jahre Philosophie und Theologie, dann Medizin auf der Kaiser-
> Wilhelm-Akademie, war aktiver Militärarzt in Provinzregimentern, bekam

bald den Abschied, da nach einem sechsstündigen Galopp bei einer Übung eine Niere sich lockerte, bildete mich ärztlich weiter aus, fuhr nach Amerika, impfte das Zwischendeck, zog in den Krieg, erstürmte Antwerpen, lebte in der Etappe einen guten Tag, war lange in Brüssel, wo Sternheim, Flake, Einstein, Hausenstein ihre Tage verbrachten, wohne jetzt in Berlin als Spezialarzt, Sprechstunde abends bis sieben. / Ich approbierte, promovierte, doktorierte, schrieb über Zuckerkrankheit im Heer, Impfungen bei Tripper, Bauchfellücken, Krebsstatistiken, erhielt die Goldene Medaille der Universität Berlin für eine Arbeit über Epilepsie; was ich an Literatur verfasste, schrieb ich, mit Ausnahme der »Morgue«, die 1912 bei A. R. Meyer erschien, im Frühjahr 1916 in Brüssel. Ich war Arzt an einem Prostituiertenkrankenhaus, ein ganz isolierter Posten, lebte in einem konfiszierten Haus, elf Zimmer, allein mit meinem Burschen, hatte wenig Dienst, durfte in Zivil gehen, war mit nichts behaftet, hing an keinem, verstand die Sprache kaum; strich durch die Straßen, fremdes Volk; eigentümlicher Frühling, drei Monate ganz ohne Vergleich, was war die Kanonade von der Yser, ohne die kein Tag verging, da Leben schwang in einer Sphäre von Schweigen und Verlorenheit, ich lebte am Rande, wo das Dasein fällt und das Ich beginnt. Ich denke oft an diese Wochen zurück; sie waren das Leben, sie werden nicht wiederkommen, alles andere war Bruch.

Dass Benn hier seinen eigentlichen und schwerwiegenden Bruch, nämlich sein Sympathisieren mit der NSDAP und der nationalsozialistischen Ideologie verschweigt, spricht für den konservativen retrospektiven Blick Benns auf sein Leben. Diese Funktionalisierung von Kunst und Literatur soll nun zur Sprache kommen, denn das Bild des Arztes bei Benn kann nicht ausschließlich textimmanent aus seinen frühen *Morgue*-Gedichten gewonnen werden.

Benns früheste Lyrik handelt von kompromiss- und illusionsloser Radikalität und von einer Zertrümmerung aller Traditionen und politischer Konventionen: »Hier schwillt der Acker schon um jedes Bett.« Menschlichen Verfall zeigt Benn, indem er die Realität leidvollen Sterbens nüchtern und schonungslos im Gedicht *Mann und Frau gehn durch die Krebsbaracke*, das unmittelbar nach *Der Arzt* zu datieren ist (Schuster 1998: 16; vgl. zur Interpretation Riha 2001), vor Augen führt. Der Titel suggeriert zunächst eine idyllische, harmonische Liebesbeziehung zwischen einem Mann und seiner Frau. Gebrochen wird die Idylle schon durch den Begriff »Krebsbaracke« im Titel, der auch die mögliche Polarität zwischen Mann und Frau andeutet (Große 2002: 35 – 39). Der »Mann« ist offensichtlich ein Arzt, der seine Frau durch eine Frauen-Krebsstation führt (»zerfallene Schöße«, »zerfallene Brust«, »verkrebsten Schoß«). Sein Blick ist nicht der eines Helfenden. Der Arzt ist hier nicht in seiner traditionellen Rolle des Heilenden. Er nimmt auch nicht empathisch Anteil an dem unsäglichen Leid der Sterbenden und Dahinsiechenden. Sein Blick ist vielmehr desillusionierend und zersetzend. Die todkranken Frauen führt der Arzt seiner eigenen Frau vor wie bei einer klinischen Visite. Im Vordergrund steht der nüchterne Blick auf Krankheit und körperlichen Verfall, wie es für Benn typisch ist (Riha 1992). Dabei bleibt es nicht nur beim Blick. Krankheit, Verfall und Todesnähe werden mit allen Sinnen erfahrbar (Gröne 2005), drängen sich geradezu penetrant auf. Das Leid der Frauen wird nicht nur gesehen, der Gestank des Verfalls dringt in die Nase (»Bett stinkt bei Bett.«). Der Arzt hat eine distanzierte Position:

> Komm, sieh auf diese Narbe auf der Brust.
> Fühlst du den Rosenkranz von weichen Knoten?
> Fühl ruhig hin.

Er will desillusionieren, aufdecken und fordert seine Frau auf:

> Komm, hebe ruhig diese Decke auf.
> Sieh diesen Klumpen Fett und faule Säfte.

Gegenüber seiner eigenen Frau wird er emotional übergriffig, er nötigt sie geradezu, sich mit dem Leid und damit auch mit ihrer eigenen körperlichen Vergänglichkeit zu konfrontieren.

Das Anliegen des Arztes ist schonungslose Aufklärung. Er tritt ein für die drastische und entlarvende Konfrontation mit der Realität ohne Beschönigung. Das Desillusionierende wird vordergründig mit religiösen Anspielungen kontrastiert, die jedoch destruktiv umgestaltet werden. Der »Rosenkranz« begegnet als blasphemische Metapher. Der Arzt fordert seine Frau auf, den »Rosenkranz von weichen Knoten« anzufassen. Metaphorisch evoziert wird hier eine »Kette« von Halslymphknoten, die bei fortgeschrittenem Brustkrebs von Metastasen befallen sind. Die Haltung des Arztes ist charakterisiert durch Distanz, im Vordergrund steht ein paternalistisches, hier gar menschenunwürdiges Verhalten. Der Arzt wendet sich nie direkt an eine Patientin, er spricht nur mit seiner Frau über sie. Die Patientinnen werden ohne ihr explizites Einverständnis zu Lehrzwecken vorgeführt, sie werden als Lehrobjekte instrumentalisiert. Der Arzt spricht in Anwesenheit der Patientinnen ungefragt und ungeniert über ihr Schicksal. Teilweise begegnet auch eine zynische Haltung: »(…) Den Neuen/sagt man: Hier schläft man sich gesund.« Die Patientinnen vegetieren in einem künstlich durch Medikamente hervorgerufenen Dämmerschlaf vor sich hin, sie werden betäubt (»Man läßt sie schlafen. Tag und Nacht.«).

Doch trotz der fatalen Grundhaltung wird ein humanes ärztliches Ethos zumindest ansatzweise suggeriert: Durch den medikamentösen Dämmerzustand wird versucht, subjektives Leiden zu mildern. Die schonungslose Konfrontation mutet er nur seiner eigenen Frau zu. Durch den Blick über ihre Schulter wird der Leser ebenfalls zum Betrachter, er nimmt an der klinischen Visite als stiller Beobachter teil. Hingegen überlässt man die Betroffenen einem unmündigen (Halb-)Schlaf. Die Haltung gegenüber den Patientinnen ist hier also abermals paternalistisch: Der Arzt meint zu wissen, was für die Patientin gut ist und handelt dementsprechend, ohne die Patientin in Ent-

scheidung und Handlung einzubeziehen. Von Aufklärung oder Patientenautonomie ist keine Rede (Gelfert 2005, von Jagow 2005, Vollmann 2008).

Die Ausgabe der *Morgue*-Gedichte von 1912 enthielt neun Gedichte, von
denen fünf (*Kleine Aster*, *Schöne Jugend*, *Kreislauf*, *Negerbraut* und *Requiem*)
zum Zyklus *Morgue* zusammengefasst wurden. Bei den anderen Gedichten
handelt es sich um *Saal der kreißenden Frauen*, *Blinddarm*, *Mann und Frau
gehn durch die Krebsbaracke* und *Nachtcafé*. Der Titel des Zyklus' bezeichnet
den Ort, in dem die fünf Gedichte angesiedelt sind: ein großstädtisches Lei-
chenschauhaus. Jedes der fünf Gedichte handelt von einem (gewalttätigen)
Eingriff Lebender in den Leib Toter. Mit Ausnahme von *Kreislauf* werden
Obduktionen beschrieben (Sauder 1990: 79):

> Neben der für alle fünf Gedichte identischen Lokalität (...) sind es die
> Randexistenzen der Gesellschaft, die zur Kohärenz der Sammlung beitragen.
> Ihr nicht gerade ›bürgerlicher‹ Tod ließ sie auf dem Sektionstisch enden.
> Innerhalb des Zyklus gibt es eine Steigerung der in den Gedichten evozierten
> Menschenzahl (...) bei einem fortschreitenden Auflösungsprozess der toten
> Körper.

Gottfried Benns *Morgue*-Gedichte kreisen um das Bild des Menschen, der als
hässlich, Ekel erregend, aber auch als bemitleidenswert und unweigerlich dem
Tode geweiht präsentiert wird. Es ist die Differenzerfahrung zwischen Leben
und Tod, zwischen Mann und Frau, zwischen Schwarz und Weiß, zwischen
Schön und Hässlich, zwischen Körper und Gefühl (von Jagow und Steger
2003), schließlich die Wahrnehmung des Arztes vom Toten, der sich ihm
präsentiert als Leiche, wovon Benns *Morgue*-Gedichte allesamt auch handeln.

Die fünf engeren *Morgue*-Gedichte *Kleine Aster*, *Schöne Jugend*, *Kreislauf*,
Negerbraut und *Requiem* beschreiben tote Menschen, die bemitleidenswert
sind: In der *Aster* ist es der besoffene Bierfahrer, in der *Jugend* das Mädchen,
im *Kreislauf* die Dirne, in der *Negerbraut* die schöne weiße Frau und im
Requiem Männer und Frauen gleichermaßen, die auf tragische Weise ums
Leben gekommen sind, und denen in den letzten Minuten vor ihrer Grable-
gung kein Respekt, keine Zuneigung, überhaupt kein Gefühl entgegengebracht
werden. Der Mensch wird nicht mehr als Höhepunkt der Schöpfung, sondern
als Material zur Schau gestellt, auf das der Arzt – auf den man übrigens nur in
Kleine Aster über das lyrische Ich rückschließen kann – seine Blicke richtet.
Diese Blicke sind vermeintlich nüchtern, kalt und sachlich, doch die Sprech-
situationen der letzten vier *Morgue*-Gedichte pervertieren zugleich jene un-
persönliche, ja auch inhumane Situation zwischen dem betrachtenden Subjekt
und den Toten: Durch die detaillierte Beschreibung des »toten Materials«
Mensch, durch unvorhergesehene, verfremdete Konstellationen, die schon in
den Gedichttiteln angelegt sind, stellt sich dem Leser die Frage: Kann ein Arzt
überhaupt einen solchen Blick auf tote Menschen richten? Spricht hier ein
herkömmlicher Arzt? Und um was für einen Arzt handelt es sich also, was
genau macht den Arzt zum Arzt? Oder reflektiert hier nicht vielmehr eine

andere Stimme, die des Dichters, über mögliche Gefühls- und Wahrnehmungswelten des Arztes?

Gottfried Benns schockierende und vorderhand Ekel erregende Sprachgewalt verbirgt dann auch viele Emotionen: Wahrnehmungen und Gefühle, die angesichts der Krassheit des Betrachteten nicht unmittelbar zum Ausdruck gebracht werden können, sondern erst in einem weiteren Schritt, einer tiefer liegenden Schicht der Texte verständlich werden: Es sind dies die gegenstrebigen Gefühle des jungen Arztes, auch Benns, der seine Erfahrungen in Wirklichkeit zertrümmernder Dichtung, und gegen alle traditionellen Mimesis und Poiesis-Verdikte des gerade überwundenen 19. Jahrhunderts, experimentierend zur Schau stellt. Es sind dann auch fast zärtliche Momente zu erahnen, die das Ethos des Arztes wohl verspüren lassen, so zum Beispiel, wie das lyrische Ich über die kleine Aster spricht, das Stück lebender Natur, das sich im Körper des so erbärmlich Ersoffenen befindet (denn was eigentlich ist ein »Bierfahrer«? – einer, der Bier ausfährt, oder, assoziativ dem Gedicht gemäß, einer, der betrunken am Steuer sitzt und sich dann zu Tode fährt? – Die Verknüpfung von Anatomie und Emotion auf einer sprachspielerischen Ebene bringt auch Ulrike Draesner in ihre Lyrik ein, zum Beispiel mit dem Begriff eines »derranten« aus »autopilot III« (vgl. von Jagow und Steger 2004a). Versteckt sich nicht hinter dieser zarten Metaphorik des Inbegriffs toter Natur, der Wunsch Leben zu ermöglichen, wem und wann es denkmöglich ist?

Insofern kontrastiert der junge – man könnte sagen, auch wilde – Benn durch seine Sprache das Verborgene, das hinter Destruktion, Avantgarde und Gewalt steht: den Wunsch, anzuknüpfen an etwas, das zwar schon vergangen, aber dennoch möglicherweise wiederholbar, wieder einholbar ist. Darauf würde schließlich auch die immanente Metaphorik des Zyklischen, die das Lebensalter der Jugend, aber auch das des Alters und des Sterbens über das Requiem aufruft, verweisen.

Wahrnehmung und Wirklichkeit sind in Gottfried Benns Gedichten zweifelsohne doppelt besetzt: euphorisch und dysphorisch, emotional und sachlich, Traditionen aufgreifend und radikal avantgardistisch (…) die Kette der Antonymien könnte hier fortgesetzt werden. Doppelt besetzt ist aber auch Benns eigene Biografie als Arzt und Schriftsteller: Benn bezeichnet seine Lyrik und andere Texte, die er nach 1922, nach der Publikation seiner *Gesammelten Schriften* verfasst hat, als »Phase II«. Grundlage von Benns »zweitem Ruhm« war der Lyrikband *Statische Gedichte* (1947) sowie die Rede *Probleme der Lyrik* (1951), die immer wieder als eine horazische *Ars poetica* der Bundesrepublik bezeichnet wurde. Vor allem das einflussreiche Werk des Romanisten Hugo Friedrich (1956) kanonisierte Benns späte Modernität.

In dieser zweiten Phase, so Benn auch selbst in *Doppelleben*, rekurriert er zunehmend schärfer auf eine Abgrenzung von Kunst und Leben (Große 2002: 17 – 22) – und distanziert sich somit von seiner frühen Lyrik, in der unzweifelhaft sein persönlicher Blick als Arzt und sein individuelles dichterisches Konzept eng verwoben erscheinen.

Zwischen den 1920er und den 1940er Jahren liegt ein Bruch: Der Bruch der Jahre 1933/34, in denen Benn, möglicherweise motiviert durch linke und liberale Kritik ab den 1920er Jahren, der NS-Herrschaft zustimmt. Tatsächlich hat Benn mit den Nationalsozialisten nicht nur sympathisiert, sondern sich zu ihnen bekannt und Texte verfasst, über die seine Zeitgenossen entsetzt waren und sein mussten. Nach der unvermeidbaren Enttäuschung durch die Nationalsozialisten verstand Benn sich als »innerer Emigrant« und konservierte diese Haltung nach 1945.

Literatur kann für Ärzte ein Medium sein, ihr eigenes Tun und Handeln zu verorten, zu bearbeiten, gar zu bewältigen. Dabei kann dies thematisch über eine enge Nähe zur Medizin selbst geschehen, wie es bei Benn deutlich zu erkennen ist. Die Medizin kann aber auch inhaltlich in die Ferne rücken – und dies auch, wenn solche Literatur von Ärzten verfasst ist. Auf einen solchen Ärzte-Literaten soll abschließend eingegangen werden: Es handelt sich um den jüdischen Arzt und Literaten Max Mohr (1891 – 1937), der im Zentrum eines von Florian Steger geleiteten Forschungsprojekts steht (Steger 2007b; Steger/Cronen 2007; Steger/Cronen 2008). Mohr soll in diesem Projekt in seinem historisch-sozialen wie auch kulturellen Kontext dargestellt werden. Dabei werden drei Ziele verfolgt: Zum einen geht es um eine biografische Würdigung von Max Mohr, und zwar im Sinne einer Bestimmung des ihn umgebenden und auf ihn Einfluss nehmenden Netzwerks; zum zweiten um die Fragen nach der zeitgenössischen Kritik und Rezeption seines Werks (diese Frage untersucht Thomas Cronen) und drittens um die editorische Aufgabe, Mohrs Werk und Briefwechsel editorisch zu erschließen.

Mohr wurde 1891 in Würzburg geboren, war Jude und starb 1937 im Exil in Shanghai. Mohrs Vater Leon war Malzfabrikant. Seine Kindheit und Jugend verbrachte er in Würzburg.

Dort nahm er im Wintersemester 1909/1910 das Studium der Medizin auf, wechselte aber bereits zum Sommersemester 1910 nach München. Für das Jahr 1914 sind seine *Sonette nach durchlesenen Nächten im Unterstand* nachzuweisen, die später unter dem Titel *Sonette der Infanteristen (1914 – 1917)* im Privatdruck erschienen sind. Am Ersten Weltkrieg nahm Mohr zunächst als Sanitäts-Unteroffizier teil, später dann, nach Ablegung seiner ärztlichen Prüfung im Mai 1917, als Infanteriearzt. Im September 1917 geriet er in Flandern in englische Kriegsgefangenschaft. Zum Jahresbeginn 1919 eröffnete Mohr in München eine Arztpraxis und praktizierte dort bis Frühling 1920. Er heiratete Käthe Westphal und zog mit seiner Familie in die Wolfsgrub bei Rottach-Egern – auf einen, wie Mohr selbst sagte, »kleinen Einödhof«. Mohr lebte dort mit seiner Frau Käthe sowie der Tochter Eva und praktizierte am Ort als Arzt. Seit 1920 hatte er als Schriftsteller zunehmend Erfolg: Seine Dramen wurden auf zahlreichen deutschen Bühnen (Bochum, Frankfurt, Hamburg, Karlsruhe, Köln, Mainz, München, Stuttgart unter anderem) aufgeführt. Mohr reiste viel, ließ lange Zeit seine Familie allein und war in Berlin.

Er wollte frei und ohne weitere Verpflichtungen Literat sein: »»Der alte un-
gebundene Tramp‹ zu sein, blieb Mohrs Ideal und eigentliche Lebensform
(...)« (Tworek 2002a: 61).

1927 lernte Mohr D.H. Lawrence (1885–1930) kennen. Mohr hatte nun
auch Erfolg mit dem zum Teil aus seinem Drama gewonnenen Prosawerk: Der
Ramper. Der Tiermensch wurde 1927 verfilmt. Hörspiele kamen hinzu, sowie
einzelne Werke wurden übersetzt (*Rampa* engl. Bearbeitung, 1928). Zwischen
D.H. Lawrence und Max Mohr begann eine Freundschaft: Lawrence besuchte
die Familie Mohr in der Wolfsgrub. Mohr betreute Lawrence ärztlich, bis
Lawrence am 2.3.1930 in Vence starb. Mohrs Erfolg brach zunächst nicht ab.
Noch im selben Jahr wurde seine Komödie *Die Welt der Enkel oder: Philemon
und Baucis in der Valepp* am Deutschen Schauspielhaus in Hamburg aufgeführt; sein Werk wurde in Tageszeitungen in Fortsetzungen gedruckt (*Das
diamente Herz*, 1934), zum Teil gedruckt (*Frau ohne Reue*, 1933), als Hörspiel
gesendet (*Der Bergkristall*, 1932) oder auf Bühnen (*Kalteisergeist*, 1931) gezeigt.

1934/1935 sieht sich Mohr unter dem zunehmenden politischen Druck zur
Emigration nach Shanghai veranlasst (Unschuld 1996). Dort war er unter
großer Kraftanstrengung darum bemüht, weiterhin als Arzt zu praktizieren.
Mohr schrieb in einem Brief vom Mai 1935, wie schwierig die Situation in
Shanghai war (Dieser Brief befindet sich im Nachlass von Max Mohr und ist
derzeit im Privatbesitz des Enkels von Max Mohr, von Herrn Nicolas Humbert; vgl. Humbert 1997):

> Shanghai ist überfüllt von den Ärzten der verschiedensten Nationen. Im
> Allgemeinen finden die Ärzte einen Rückhalt an ihren Landsleuten. Nur die
> jüdischen Ärzte, die aus Deutschland gekommen sind, können mit keinem
> festen Kreis rechnen, noch nicht einmal mit den Juden, die zum Teil nach wie
> vor deutsch-arische Ärzte aufsuchen. Die deutschen Kreise Shanghais ver-
> meiden es meist, jüdische Ärzte aufzusuchen, da selbstverständlich auch hier
> ein starker Druck in dieser Beziehung ausgeübt wird.

Neben seiner ärztlichen Tätigkeit blieb Mohr auch im Exil in Shanghai literarisch tätig. Er hielt von dort auch Kontakt zu Schriftsteller-Kollegen, wie
zum Beispiel zu Thomas Mann. Doch sein letzter literarischer Versuch *Das
Einhorn* musste Fragment bleiben. Mohr starb am 13.11.1937 im Exil.

Ohne Zweifel hatte Mohr in den 1920er Jahren als Literat sehr großen Erfolg
(Tworek 2002a: 61):

> (...) Ende der 20er Jahre zählte er zu den erfolgreichen Autoren seiner Ge-
> neration (...). Unter den Autoren, die kurz vor der Nazizeit am Beginn einer
> literarischen Karriere standen, behauptet Max Mohr ganz entschieden seinen
> Rang und vermittelt eine Vorstellung davon, wie es in der deutschen Literatur
> hätte auch weitergehen können.

Przybilla schreibt: »Seine Romane, darunter die 1992 neu aufgelegte Groß-
stadt-Satire ›Venus in den Fischen‹, bleiben zu Lebzeiten weithin unbeachtet.
Erfolg dagegen haben seine Dramen.« (Przybilla 2002) Über Mohrs literari-
sches Werk hat Barbara Pittner (1998; vgl. auch Delabar 1996) eine Disser-
tation angefertigt, in der sie Mohr in die literarische Moderne einordnet.
Wenn sich hier auch vereinzelt biografische Hinweise finden, liegt der
Schwerpunkt ihrer Arbeit doch deutlich auf der literaturwissenschaftlichen
Analyse und literarhistorischen Verortung seines Werks in der sogenannten
Moderne. In komparatistischer Hinsicht ließe sich fragen, ob Mohrs Texte im
Vergleich zu anderen Dramatikern und Romanciers seiner Zeit von literari-
schem Wert waren. Welche Schwächen und welche Stärken in Bezug auf
Gattung, Handlung, Sprache und Innovation fanden in Presse und Briefen
befreundeter Künstler Erwähnung?

> Er (Mohr) nahm die literarischen Tendenzen seiner Zeit auf, machte sich ihre
> Motive zu eigen und benutzte sie für seine eigenen Belange. Bahnbrechende
> Impulse gingen weder von seiner Person noch von seinem Werk aus. In Stil
> und Form zeigte er sich sogar eher konservativ als progressiv. In dieser
> Hinsicht blieb er dem Alten verhaftet, während er in Fragen der Motiv- und
> Themenwahl dem Neuen verpflichtet war (Pittner 1998: 5).

Für die Frage der Wirkung von Mohrs literarischem Werk ist Pittner (1998)
weniger ergiebig. Überhaupt ist dieser Aspekt bisher nicht systematisch untersucht worden. So lässt sich fragen: Welche Rolle spielt bei der Frage nach
der Wirkung und der Rezeption die Tatsache, dass Mohr Jude war und dass er
emigrieren musste? Mohr war seit seiner Emigration von der Bildfläche in
Deutschland verschwunden. Seitdem hat man sich nur an wenigen Orten an
Mohr erinnert. So schreibt Przybilla anlässlich der Wiederaufführung von
Mohrs *Ramper* in dessen Geburtstadt Würzburg (Przybilla 2002):

> Nach 1945 vergessen die Lokalpatrioten der Bischofsstadt [sc. Würzburg,
> F.St.] ihren jüdischen Dichter erst recht. Nach der Verfemung im NS-Reich
> folgt nun das Vergessen. Max Mohr findet nicht mehr statt in Würzburg (…).
> Dass Max Mohr posthum in Würzburg eine Heimat findet, scheint unwahr-
> scheinlich. Irgendwann könnte vielleicht, so stellt die Stadt derzeit in Aus-
> sicht, eine Straße nach ihm benannt werden. So wie in Rottach-Egern.

Welche Bedeutung hatte für die Rezeption die Tatsache, dass Mohr doch
primär Arzt gewesen ist. Kann ein Arzt denn ein guter Literat sein?

  1997 wurde anlässlich des 60. Todestages von Max Mohr in der Monacensia,
Literaturarchiv und Bibliothek, München, eine Ausstellung mit dem Titel
»Lieber keinen Kompaß als einen falschen (…)« eröffnet: »Die Ausstellung
präsentierte Teile des Nachlasses, die der Filmemacher Nicolas Humbert, Max
Mohrs Enkel, der Monacensia als Schenkung überlassen hatte, sowie Stücke
aus seinem Privatbesitz« (Tworek 2002a: 63). Dabei wurde der fragmentari-
sche Charakter der Überlieferung deutlich, der vielleicht auch rückblickend

das Bruchstückhafte von Mohrs Leben deutlich macht. Zur Ausstellung erschien der populäre biografische Versuch des Journalisten Carl-Ludwig Reichert (1997). Reicherts ehrenvoller Versuch, Max Mohrs Leben zu beschreiben, entbehrt jeglicher Wissenschaftlichkeit. Er stellt das Leben Mohrs dar, ohne im Einzelnen Quellenbelege zu liefern. Es werden lediglich allgemeine Quellenhinweise gegeben, aus denen man seine Darstellung jedoch nicht im Einzelnen nach wissenschaftlichen Kriterien überprüfen kann. So heißt es bei Reichert (1997: 117) in den Nachbemerkungen:

> Die Fakten über Max Mohrs Kindheit und Jugend in Würzburg eruierte vor allem Barbara Pittner mit Hilfe von Karl-Heinz Pfaff anläßlich ihrer in Arbeit befindlichen Dissertation (…). Die Daten wurden durch die selbständigen und außerordentlich hilfreichen Recherchen von Sabine Prantl (…) ergänzt.

Heute befindet sich der größte Teil des Nachlasses von Mohr in der Monacensia. Literaturarchiv und Bibliothek in München (vgl. zu den Beständen Tworek 2002b). Im selben Archiv befinden sich unter anderem die (literarischen) Nachlässe der Ärzte Ludwig Englert (1903–1981), Hans Feist (1887–1952), Anton Alfred Noder (Pseudonym: A. de Nora, 1864–1936), Oskar Panizza (1853–1921), Heinz Saueressig (1924–1997) sowie Edo von Wicht (1909–1985). Die genannten Ärzte waren in ihrer literarischen Tätigkeit keineswegs auf medizinische Themen beschränkt; so war Noder neben seiner ärztlichen Tätigkeit in München beispielsweise Feuilletonist und Hauptmitarbeiter der Zeitschrift *Jugend*; erinnert sei auch an Edo von Wicht, der neben seiner ärztlich-universitären Tätigkeit als Lyriker hervorgetreten ist. In diesen Kontext gehört auch Max Mohr selbst, der in seinen Werken kaum medizinische Themen berührt. Für Mohr sind in einem Umfang von 10 Kassetten Manuskripte von literarischen und szenischen Entwürfen, Gedichten und Pressestimmen sowie ein Hörspiel, biografische Dokumente und zahlreiche Bilddokumente erhalten. Ein Teil des Nachlasses befindet sich im Privatbesitz von Mohrs Enkel und Erben Nicolas Humbert. Dort befindet sich auch der Briefwechsel zwischen Mohr und D.H. Lawrence beziehungsweise dessen Frau Frieda. »Unter den gedruckten Widmungen Mohrs hat die an D.H. Lawrence, die der ›Freundschaft von Ladiz‹ vorangestellt ist, besondere Bedeutung. Sie schreibt die seit 1927 bestehende Beziehung zwischen den beiden Schriftstellern sozusagen öffentlich fest« (Reichert 1997: 83). Über die Beziehung zwischen Mohr und Lawrence gibt der erhaltene Briefwechsel ebenso Auskunft wie über Fragen der literarischen Wertung.

> Nach dem Tode von David Herbert Lawrence im März 1930 ist die Diskussion über den großen englischen Dichter überall ernsthaft geworden; Lawrence tritt aus ihr immer stärker als der Dichter des Unbewussten, als der Gegner eines überhellen Intellektualismus in der Gegenwart hervor. Eine Sammlung seiner Briefe, die in England erschien, ergänzt sein Werk durch Persönliches und gibt den Eindruck von seiner faszinierenden Wirkung auf Menschen

wieder, die teils durch sein Genie, teils durch den lebenslangen heroischen Kampf mit der Krankheit entstand. Max Mohr, der in Lawrence letzten Lebensjahren mit ihm befreundet war, gab seinerzeit die Briefe, die er von ihm besitzt, für die englische Sammlung nicht her, weil ihm der Tod von Lawrence noch zu nahe schien. Jetzt hat er uns eine Auswahl seiner Lawrence-Briefe zur Verfügung gestellt. Sie sind zum Teil deutsch geschrieben (…). Sie vermitteln – neben dem naiven Zauber des Briefschreibers – die erschütternde Tragödie im langsamen Verlöschen seines Genius. (Anonymus 1933: 527)

Im Rahmen des erwähnten Forschungsprojektes zu Max Mohr werden zahlreiche weitere Fragen verfolgt: So interessiert die medizinhistorische wichtige Frage danach, welches Verhältnis Mohr zu seinem Beruf als Arzt hatte. Mohr hat ein Medizinstudium absolviert und hatte die Befähigung, als Arzt praktisch tätig zu werden. Er praktizierte auch immer wieder als Arzt – zumindest ist dies der momentane Stand der Forschung – und seit den 1920er Jahren hat er seine ärztliche Tätigkeit weitgehend gegen die des literarischen Schreibens und Wirkens eingetauscht. Erst wieder im Exil in Shanghai ist Mohr darum bemüht, seine ärztliche Tätigkeit wieder aufzunehmen. Insofern stellte sich berechtigter Weise die Frage, ob Mohr seinem Beruf als Arzt aus Gründen der existenziellen Sicherung oder aus Überzeugung nachging. Hieraus ließe sich dann auch die Frage nach Mohrs Identität besser beantworten, die bisher noch schwer zu klären ist. Was bedeutete also Mohr sein Beruf als Arzt? Es ließe sich fragen, welches Verhältnis bei Mohr zwischen Arzt und Literat zu erkennen ist. Hiervon ausgehend ist dann den Fragen nachzugehen: Kann ein guter Arzt zugleich ein guter Literat sein? Man denke nur an die Großen: Gottfried Benn, Sigmund Freud oder Arthur Schnitzler. Hatte der Beruf des Arztes Einfluss auf die damalige Rezeption und Einstellung des Lesers gegenüber Mohrs Texten? Wurde einem Arzt, der sich schriftstellerisch betätigte, weniger literarische Qualität zugetraut, als einem Literaten sui generis? Man denke nur an den Lebensweg, den Friedrich Schiller bewusst eingeschlagen hat, als er sich nach Abschluss seiner medizinischen Dissertation für das riskante Dasein als Literat entschied. Warum hatte Mohr seine Familie spätestens seit 1925/26 zunehmend in der Wolfsgrub zurückgelassen? Wie konnte Mohr in Berlin seinen Erfolg feiern, während seine Familie (seine Tochter wurde 1926 geboren) am Tegernsee zurückblieb? Welche Beziehung/Einstellung hatte Mohr generell zu seiner Familie? All diese Fragen sind zum jetzigen Zeitpunkt noch nicht zu beantworten, markieren vielmehr, in welche Richtungen das Forschungsprojekt unterwegs ist.

Erfolg hatte Mohr vor allem mit seinen Theaterstücken: So sind über 50 Aufführungen von *Improvisationen im Juni* am Münchner Residenztheater nachzuweisen: Bedeutet das Streben nach Glück ein Streben nach Reichtum? Bedarf eine von Geld und Käuflichkeit bestimmte Gesellschaft noch immaterieller Werte? In den *Improvisationen* trifft ein neues, aufstrebendes Amerika auf ein altes, untergehendes Europa, das wegen seiner moralischen

Überlegenheit überlebt. Mohrs Stücke wurden auf bedeutenden Bühnen auf-geführt: Thalia-Theater Hamburg, Max Reinhardts Deutsches Theater Berlin, Residenztheater München; seine Werke wurden in großen Verlagen publi-ziert: S. Fischer Verlag, Ullstein Verlag; es sind Korrespondenzen und Freundschaften mit arrivierten Schriftstellerkollegen und Schauspielern be-legt: D.H. Lawrence, Heinrich George, Bruno Frank, Paul Wegener. Hiervon ausgehend lässt sich fragen, wie Mohrs Verhältnis zu anderen Künstlern der Zeit war. Hierüber können Briefwechsel mit anderen Künstlern, Schriftstel-lern wie Schauspielern, D.H. Lawrence und Heinrich George, Bruno Frank, Paul Wegener und Thomas Mann, aber auch Literatur- und Theaterkritiken Aufschluss geben. In Berlin sind hier die wichtigen Feuilletons der *Vossischen Zeitung* und des *Berliner Tageblatts*, dessen Theaterressort seit 1919 von Al-fred Kerr geleitet wurde, zu nennen, außerdem als wichtigste literatur- und theaterkritische Zeitschrift *Die Weltbühne* und, vor allem überregional von Bedeutung, das Feuilleton der *Frankfurter Zeitung*. Gleichzeitig kommen diese Zeitungen und Zeitschriften bei der Suche nach Rezensionen der Ro-mane Mohrs als Quellen in Betracht. Des Weiteren sind Briefwechsel mit Verlegern von Interesse, mit denen Mohr in Verhandlung stand.

1927 intensivierte sich sein Kontakt zu D.H. Lawrence. Welche Rolle spielte Lawrence für Mohr? D.H. Lawrence kommentierte beispielsweise den 1927 erschienenen Roman *Venus in den Fischen* seines Freundes mit der Aussage: »No, I didn't really like *Venus and the Fishes* (sic!): it is too modern for me: you know I am a bit ›altmodisch‹ really«. Brief von D.H. Lawrence an Max Mohr«, Florenz, 22. März 1928. Kann man soweit gehen, Lawrence als »männliche Muse« Mohrs zu bezeichnen? Lässt sich der literarische Erfolg Mohrs mit der Bekanntschaft zu Lawrence in einen Zusammenhang bringen?

Welche Rolle spielte Mohrs Jüdischsein für seine Rezeption? Er selbst weist in den Selbstzeugnissen jeden Traditionalismus von sich. Als Sohn assimi-lierter Juden, die sich vom jüdischen Glauben gelöst hatten, war Mohrs Her-kunft für ihn persönlich unbedeutend (Pittner 1998: 5):

> Mohr lehnte seine Zugehörigkeit zum jüdischen Glauben nicht nur ab, son-
> dern er ging sogar soweit, sich als konfessionslos zu bezeichnen. Es erstaunt
> darum wenig, daß das Judentum, der jüdische Glaube oder die jüdische Er-
> zähltradition in keinem seiner Texte eine Rolle spielen.

Aber warum gehört Mohr heute zu den unbekannten Autoren, obwohl er zu Lebzeiten literarisch erfolgreich war? Ist Mohrs In-Vergessenheit-Geraten in erster Linie auf die Emigration nach Shanghai zurückzuführen? Verschwand er nicht nur von der Bildfläche, sondern auch aus den Köpfen? Oder hat es nicht doch mehr mit seinem Jüdischsein zu tun? Mohr lebte in einer Zeit, in der antisemitische Ressentiments bereits in weiten Kreisen der Gesellschaft verbreitet waren und auf fruchtbaren Boden fielen. Insofern ist zu klären, ob Mohrs Werk, zumindest vereinzelt, aufgrund seiner jüdischen Herkunft mit negativen Kritiken abgewertet wurde. Die Tatsache, dass Mohr Jude war, könnte außerdem die Suche nach einem Verlag für seine Romane erschwert haben. Nicht zuletzt die »Gleichschaltung« vieler renommierter Verlage nach Beginn der nationalsozialistischen Diktatur dürfte hier von Relevanz gewesen sein. Sein Roman *Die Heidin* beispielsweise wurde 1933 in die »Liste des unerwünschten und schädlichen Schrifttums« aufgenommen.

2008 wurde an den 75. Jahrestag der Bücherverbrennung erinnert, als am 10. Mai 1933 auf dem Berliner Opernplatz und an vielen weiteren deutschen Orten Bücher zahlreicher Autorinnen und Autoren verbrannt wurden (vgl. www.verbrannte-buecher.de). Unter diesen Literaten befanden sich auch Ärztinnen und Ärzte sowie solche, die sich thematisch mit der Medizin auseinandersetzten; so sind auf den sogenannten schwarzen Listen unter anderen Alfred Döblin, Arthur Schnitzler oder Adrienne Thomas verzeichnet (vgl. Weidermann 2008). Adrienne Thomas arbeitete während des Ersten Weltkrieges als Rotkreuzschwester und hatte bereits mit ihrem Antikriegsbuch *Die Katrin wird Soldat* (1930) großen Erfolg. Es böte sich an, all jene Autorinnen und Autoren, die von der NS-Diktatur gebrandmarkt wurden und entweder selbst Ärztinnen und Ärzte waren oder als Literaten medizinische Themen aufgegriffen haben, in einer eigenen Arbeit zu würdigen.

Das Kapitel zu Ärzten als Literaten zeigt zum einen die bereits geleisteten Forschungsarbeiten und das große Interesse an dem Zusammenhang von Arztsein und Schriftstellerdasein, das auf spezifische Art einen Teil der Literatur seit jeher prägt. Hier wurden die Verbindungen in thematischer, schreibprozesshafter und ästhetischer Perspektive beleuchtet. Am Beispiel Max Mohr wurde zuletzt deutlich, dass das Phänomen »Arzt- und zugleich Schriftsteller-Sein« in seiner Erforschung längst nicht erschöpft ist – ganz im Gegenteil: Für jeden Autor, so auch für Max Mohr, stehen immer auch individuelle Konstellationen im Vordergrund – für Mohr speziell die Trias von Arzt, Jude und Schriftsteller, die möglicherweise sein Schaffen, aber auch seine Rezeption beeinflusst hat. Neben dem Erörterten bleiben also Fragen – und einige relevante Desiderate der Forschung auf diesem, in der deutschen Wissenschaft noch verhältnismäßig jungen Gebiet von Literatur und Medizin werden hier deutlich, die einem Teil der allgemeinen Literaturgeschichte wichtige neue Ergebnisse zuführen könnten.

Ausblick: Literatur als Ort der Rede über Gesundheit und Krankheit

Die in den vorangegangenen Kapiteln erörterten Ansätze einer kulturwissenschaftlichen Diskussion von Literatur und Medizin werden abschließend vertieft. Dabei wird eine metareflexive Perspektive eingenommen, um das Verhältnis selbst zu beschreiben. Nachdem in den unterschiedlichen Näherungen vor allem auf das Verhältnis von Körper und Psyche und auf die soziokulturellen Grundlagen fokussiert wurde, stehen nun Überlegungen zur Verortung von Literatur im kulturellen Haushalt an, das heißt, es wird insbesondere auch ein Blick auf das 20. Jahrhundert geworfen. Der Grund dafür liegt darin, dass zu Beginn des Jahrhunderts, also um 1900, das Verhältnis von Körper und Psyche prägend bestimmt und neu definiert wurde. Das war vor allem Sigmund Freud, der durch seine psychoanalytischen Studien das Innenleben des Menschen durch neue Kenntnisse bereichert hat. Die Psychoanalyse und ihre Traditionen und Rezeptionen, die bis in die heutige Zeit reichen, können für das Gebiet von Literatur und Medizin als entscheidend verrechnet werden, denn gerade hier geht es um die Interdependenzen von Körper und Psyche. Die Literatur, die hier als ein Ort der Rede über Gesundheit und Krankheit in Augenschein genommen wird, steht als kulturelles und reflexives Medium par excellence, die Schnittstellen dieser Diskussion aufzunehmen, zu verarbeiten und damit umzugehen. Literatur stellt seit jeher ein Medium kultureller Diskussion dar; im 20. und 21. Jahrhundert fällt – und das verwundert nicht – eine zunehmende Debatte auch medizinischer Themen und Denkansätze in ihr auf. Die Themen reichen von zeittypischen Krankheiten (Diabetes vgl. von Engelhardt 1989, Essstörungen vgl. Chyung 2008, HIV/AIDS vgl. Weingart 2002, Krebs vgl. Eckart 2000, Syphilis vgl. Schonlau 2005), etwa im Roman, bis hin zu kulturkritischen Denkfiguren über Transplantation, zum ärztlichen Umgang mit dem Menschen, vor allem auf der Folie der Neurowissenschaften, oder gar allgemein die Stellung des Menschen als gesund markiertem oder krank stigmatisiertem in der Gesellschaft.

Der Trend ist unübersehbar: Es ist nicht mehr nur Krankheit, die es zu heilen gilt, sondern es ist der Wunsch vorzubeugen, der zunehmend in den Mittelpunkt des Denkens über Gesundheit und Krankheit rückt. Das zeigt etwa das große präventive Angebot an Sport- und Entspannungskursen, das von den gesetzlichen Krankenkassen kostenfrei für deren Mitglieder angeboten wird. Und das zeigt auch das neue Modell vieler gesetzlicher Kassen, durch die Belegung eben solcher Kurse den eigenen Kassenbeitrag senken zu können. Ein solches Modell suggeriert: Wir akzeptieren zwar unsere Rolle, für die Heilung einzustehen, wir raten aber an, nach allen Möglichkeiten vorzubeugen, damit Krankheit erst gar nicht eintritt. Der dahinter stehende Gedanke wird deutlich: Krankwerden und Kranksein soll – nicht zuletzt aus ökonomischen Erwägungen – verhindert werden. Möglicherweise lässt sich aber auch eine Tendenz erkennen, dass Krankwerden und Kranksein zunehmend tabuisiert werden, wenn suggeriert wird, dass es aus dem genuinen Handlungsspektrum der Krankenkassen etwa an den Rand gedrängt, Gesundheit dagegen gefördert wird.

Daraus kann der Schluss gezogen werden: In der heutigen Gesellschaft stehen Prävention und Wellness im Mittelpunkt, um körperlich und mental fit zu bleiben (Artmann 2005a), und der kranke Mensch rückt an die Peripherie des Interesses. Diese Entwicklung hat freilich auch Auswirkungen auf das Denken über Gesundheit und Krankheit. Eine Ausnahme ist selbstverständlich die Krankenversorgung im medizinischen Sektor: Gerade in den Universitätskliniken steht Krankenversorgung immer noch im Zentrum der Tätigkeit, wenngleich sich auch hier Tendenzen präventiver Medizin abzeichnen (man denke nur an Gynäkologie, Urologie oder ganz allgemein an Innere Medizin).

Die Literatur nun – als reflexives Medium – verweigert sich einer solchen Tendenz und nimmt sich vor allem der Krankheiten und psychischen Missstände in der Gesellschaft an. Darin kommt ihre reflexive – und auch teils kulturkritische – Funktion zum Tragen, die immer auch ›aufrütteln‹ möchte, wach machen, Bewusstsein schaffen für anderen Orts Verschwiegenes, Tabuisiertes, Ausgegrenztes. Dennoch: Auch in der Literatur, das haben die Beispiele gezeigt, spielt Gesundheit und vor allem Genesung eine zentrale Rolle. Es findet sich zunehmend ein Nachdenken über eine verborgene Gesundheit, die aber stets mit der Repräsentation von und Reflexion über Krankheit Hand in Hand geht. Gesundheit steht als verdeckte, verschleierte, erst einmal zu dechiffrierende Kategorie im Zentrum der Überlegungen.

Um Gesundheit und Krankheit überhaupt differenziert diskutieren zu können, und um abseits der typischen, vor allem thematisch markierten Krankheitsbilder eine latente Diskussion über diese beiden Kategorien entlarven und erörtern zu können, bietet es sich an, zunächst darüber nachzudenken. Gesundheit und Krankheit wurden und werden immer noch, abgesehen von den individuellen Wahrnehmungen des Kranken, in der westlichen Gesellschaft, vor allem Europas, normativ gesetzt. Um über Gesundheit und Krankheit sprechen zu können, wird also ein normatives Gerüst, eine Common-Sense-Verständigung von Gesundheit, benötigt. Diese bewegt sich auf der Schnittstelle von medizinischen und kulturhistorischen Erörterungen: Gesundheit ist nicht ohne den Gegenbegriff Krankheit und vice versa zu denken. Gesundheit ist aber mehr als ein Gegenbegriff zu Krankheit (Bergdolt 1999, von Engelhardt 2005b): Es ist nicht nur die Absenz von Krankheit, vielmehr birgt Gesundheit einen positiven Gehalt – ebenso wie auch Krankheit nicht nur als Einschränkung und als (partieller) Verlust von Gesundheit markiert ist. Hier wird bereits deutlich: Gesundheit und Krankheit sind zwei sich überlappende Konzepte, deren Pole ganz gesund und ganz krank sind, auf deren Verbindungslinie allerdings graduelle Positionen zwischen gesund und krank liegen. Das macht die Definition von Gesundheit – oder gar von Krankheit – so problematisch. Genau genommen gibt es also zwischen Gesundheit und Krankheit einen Bereich, der weder eindeutig als gesund noch eindeutig als krank gedeutet werden kann. In diesen Bereich fallen Prozesse des Erkrankens und Genesens, oder aber Maßnahmen von Prävention und Rehabilitation. Eine phänomenologische Betrachtung der Wahrnehmungen über Gesundheit und Krankheit erlaubt, beide miteinander – und nicht empirisch gegeneinander – zu beschreiben, also erste Versuche einer Dechiffrierung vorzunehmen. Eine solche phänomenologische Betrachtung nimmt vor allem die Literatur, nehmen aber auch therapeutische Ansätze in Anspruch, um Krankheit individuell zu erkennen und heilen zu können. Bevor auf eben jenes Modell einer phänomenologischen Beschreibung und anschließenden Interpretation eingegangen wird, soll zunächst die normative Variante vorgestellt werden, die als allgemein akzeptierte Basis in der Gesellschaft etabliert ist.

Einen normativen Versuch Gesundheit zu definieren, hat die World Health Organization (WHO) festgeschrieben als einen »Zustand vollständigen körperlichen, geistigen und sozialen Wohlbefindens und nicht nur das Freisein von Krankheit und Gebrechen« (WHO 1947). Bei dieser Definition wird unmittelbar klar, dass nach diesem Standard grundsätzlich fast niemand wirklich gesund ist: Denn wer ist schon frei von Krankheit und Gebrechen. Zudem stellt sich die Frage, ob sich diese Definition auf einen status quo oder aber auf einen längeren (wie lange zu definierenden?) Zeitraum bezieht.

Überzeugend an dieser Definition ist, dass Gesundheit nicht nur als Gegensatz zu Krankheit bestimmt wird, sondern auf psychosoziale und mentale Bereiche erweitert wird. Dagegen liegt die Schwäche dieser Definition in der Gegenüberstellung von Gesundheit und Krankheit und in einer enormen Wertschätzung von Gesundheit; darin könnte man – anthropologisch betrachtet – einen Mangel sehen. Denn Gesundheit kann auch darin bestehen, mit partiellen Einschränkungen, also mit einer Krankheit oder einer Behinderung leben und in letzter Konsequenz den Tod in das Leben integrieren zu können. Gesundheit bestünde dann insbesondere auch in einem Art Bewältigungsmodell von Krankheit. Das kennen wir vor allem von Krebspatienten, die in dem anhaltenden Bewusstsein leben, dass eine Verschlechterung ihres Gesundheitszustandes plötzlich eintritt, und zwar ohne dass sie äußerlich, also phänomenologisch etwas bemerken. Grundsätzlich trifft diese Erfahrung und Fähigkeit, die Krankheit in ein »gesundes« Leben zu integrieren, auf jede chronische Erkrankung zu. Es gehört dann zu einer großen mentalen Stärke, dieses Bewusstsein in den Alltag zu integrieren und mit der immer vorhandenen Krankheit »gesund« zu leben. Hier greift die Literatur als Medium von

Coping (von Engelhardt 1986), also als Instanz beschreibend und erzählend mit einer Krankheit fertig zu werden, in exemplarischer Weise. Sie eröffnet die Möglichkeit, das individuelle Erleben – sei es real oder fiktiv – reflexiv darzustellen. Prozesse des Lesens und Schreibens bieten eine Form der Veranschaulichung und Bewältigung, die Krankheit und Gesundheit abseits normativer Bestimmungen ästhetisch überhöht.

Die Sichtweise von Gesundheit als Bewältigung von Grenzsituationen des Daseins positioniert sie nicht als Gegenpol zu Krankheit, sondern als Übergang. Ein solcher Übergang besteht in der Medizin immer auch mit der Therapie respektive der Prävention. Es lässt sich also auf einer ersten Ebene – entgegengesetzt der Definition der WHO – festhalten, dass Gesundheit und Krankheit stets nebeneinander bestehen. Ein prägnantes Beispiel hierfür ist die Organtransplantation, bei der ein Kranker durch ein neues, gesundes Organ wieder zu einem »Gesunden« wird, zumindest zu einem Menschen mit höherer Lebensqualität. Gesundheit ist damit einerseits ein Seinsurteil (Feststellung), andererseits ein Werturteil.

Als höchster Wert und höchste Qualität des Lebens, dem Gesundheit und Krankheit untergeordnet sind, wird der Einklang des einzelnen Menschen mit der Welt betrachtet. Zu diesem Einklang gehört maßgeblich die Integration des Einzelnen in die Gesellschaft – und damit in die Kultur. Da der Mensch seinen psychischen Reichtum aus der zwischenmenschlichen Kommunikation gewinnt und diese wiederum über eine Einbettung in den kulturellen Haushalt bestimmt wird, verwundert es nun nicht, dass es auch unterschiedliche Vorstellungen von Gesundheit und Krankheit gibt. Auf einer weiteren Ebene ist also festzuhalten, dass es eine Pluralität von Gesundheitsvorstellungen und -definitionen gibt. Wesentliche Vorstellungen über Gesundheit und Krankheit, über ein geglücktes oder verfehltes Leben werden deshalb nicht nur aus der Medizin, sondern aus der Literatur, der Philosophie, der Theologie und den anderen Künsten gewonnen. Jene subjektive Bestimmtheit von Medizin hat insbesondere Viktor von Weizsäcker betont und auf die anthropologische Durchkreuzung von Medizin und Literatur anhaltend aufmerksam gemacht. Denn ob gesund oder krank: Der Mensch tritt erst mit seinen Gefühlen, Wünschen und Vorstellungen und mit seiner sozialen Lebenssituation als Individuum, als Person vor Augen. Solche Personen mit Leib und Seele hat die Literatur seit jeher mit all ihren Leidenschaften, Verzweiflungen, Ängsten, also mit dem gesamten emotionalen Spektrum in die Welt gestellt: um in spielerischer Anordnung zu fingieren, was realiter diskutabel ist. Und in einer Sprache, die identifikatorisch wirken kann, zugleich aber Distanz zulässt.

Im Folgenden wird auf der Basis von Sigmund Freuds Gedanken, die als zentral für die Beziehung von Literatur und Medizin seit um 1900 betrachtet werden, an zwei für das 20. Jahrhundert exemplarischen Beispielen, an Franz Kafka und Paul Celan, verdeutlicht, welche Schwellenzustände zwischen Gesundheit und Krankheit in der Literatur inszeniert werden können, um Literatur als seismografischen Ort kultureller Reflexionen im Feld von Literatur und Medizin zu positionieren. Es geht bei den beiden Beispielen um Pathologisierungen des Sprechens, die die Verfasstheit von Sprache und Kommunikation zwischen Gesundheit und Krankheit verdeutlichen – und damit Literatur als reflexives Medium markieren, mit dem virulente Fragestellungen beobachtet und bearbeitet werden, die im kulturellen Haushalt sozial verankert sind.

Aus dieser Verdeutlichung heraus wird abschließend auf Literatur als Humanum, auf das Humane von Literatur und Medizin eingegangen. Hier kommt der Grundgedanke dieser Studie zum Tragen:

Literatur ist im kulturellen Haushalt der Menschen ein möglicher Ort der Kommunikation über Gesundheit und Krankheit und ermöglicht in fiktionalen Welten, das medizinische Wissen transformierend reflexiv zu gestalten. Das wiederum entspricht einem Grundbedürfnis des Menschen, der als Subjekt in seiner Ganzheit wahrgenommen werden möchte, vor allem, wenn er instabil, krank oder therapiebedürftig ist. Literatur birgt so das Potenzial, selbstidentifikatorische Rede entwickeln zu können und sie einer Leserschaft anzubieten, für den Leser umgekehrt stellt sie eine Folie möglicher Identifikation oder aber auch Ablehnung dar, die anregend im Umgang mit Gesundheit und Krankheit ist. Wie also ist die moderne Literatur seit um 1900 zu diesem Medium avanciert?

Sigmund Freud, der eine Schlüsselposition bezüglich der abschließenden Frage einnimmt und dessen Persönlichkeit und Schriften den Ausgangspunkt der abschließenden Überlegungen bilden, bewegt sich am Ende des 19. Jahrhunderts in einer geistesgeschichtlich komplexen Situation, die auch die Schwierigkeiten normativer Definitionsversuche von Krankheit und Gesundheit beeinflusst:

1. Auf der einen Seite gab es von Seiten der Philosophie und den Geisteswissenschaften im Kontext der Etablierung einer philosophischen Hermeneutik das Bestreben, in Anlehnung an die exakten Naturwissenschaften, insbesondere an die Mathematik, den Geisteswissenschaften durch ein szientistisches Streben einen methodologischen und universalen Rückhalt zu geben. Das ist die Bewegung von Schleiermacher über Boeckh und Droysen hin zu Dilthey. Deren Denken, wie es Hans-Georg Gadamer im Rückblick formuliert, berge eine »nie überwundene Spannung« zwischen methodologischem Anspruch und der Einsicht in die unaufhebbare Geschichtlichkeit menschlichen Lebens.

2. Auf der anderen Seite steht die Entwicklung der experimentellen Wissenschaften, der Technik und damit einhergehend die unaufhörlich voranschreitenden Möglichkeiten des Vermessens von Bewusstsein im 19. Jahrhundert. Ein Zeugnis unter vielen ist hierfür der Briefwechsel zwischen Emil Kraepelin und Wilhelm Wundt.

Im Jahr 1900 – inmitten dieser Gemengelage – formuliert Wilhelm Dilthey seinen Aufsatz zur *Entstehung der Hermeneutik* und greift dabei auf die unpublizierte Preisschrift von 1860 zur *Geschichte der protestantischen Hermeneutik* zurück. In diesem Aufsatz definiert Dilthey Verstehen als Vorgang, in dem wir aus Zeichen, die von außen sinnlich gegeben sind, ein Inneres erkennen können. An die Idee einer Kunstlehre, wie sie Schleiermacher formulierte, erinnert das Vollziehen der Auslegung oder Interpretation als kunstmäßiges Verstehen von dauernd fixierten Lebensäußerungen.

Auf das Jahr 1900 datiert, genau genommen am 4. November 1899, erscheint schließlich Sigmund Freuds *Traumdeutung*. Die *Traumdeutung* kann als ein Teil eines (unbewusst ausgearbeiteten) Programms gelesen werden, das sich auf der Schnittstelle zwischen den Geistes- und Naturwissenschaften bewegt und im Kontext der geistesgeschichtlichen Gemengelage zwischen den Paradigmen von Erklären und Verstehen argumentiert (zu den Bedingungen von deren Entstehung und Schreibprozess vgl. das Kapitel: Vierte Näherung: Ärzte als Literaten – Literaten als Ärzte). Das Besondere der Freudschen *Traumdeutung* ist, dass sie sich zwischen den für den Arzt und Psychoanalytiker Leben entscheidenden Punkten von Gesundheit und Krankheit, im Extremfall auch zwischen Leben und Tod bewegt. Mit Freuds *Traumdeutung* verschiebt sich der Blick der bisherigen psychoanalytischen Wissenschaft von der Erforschung neurotischer Symptome auf eine allgemeine, pathologische und »normale« Phänomene umfassende Psychologie. Mit den Beschreibungen in seiner *Traumdeutung* gelingt es Freud, psychische Störungen zu behandeln *und* psychische Prozesse (und zwar Träume) zu verstehen. Sein hermeneutisches Denken, will man es so formulieren, besteht in einem doppelten Vorgang (und in einer Umkehrung des Diltheyschen Paradigmas »von außen nach innen«): Indem Zeichen aus einem Inneren in die äußere Welt versprachlicht werden, geschieht ein Prozess des Erkennens über ihr Deuten. Das Medium des Verstehens ist die Sprache und ihre Bilder.

In den folgenden Ausführungen, die Pathologisierung(en) des Schreibens in der Moderne auf der Folie der Trias Literatur, Gesundheit und Krankheit erörtern, wird sich über die dafür einschlägigen Paradigmen von Traum, Schrift, und Tod – wobei Traum und Tod jene Schwellenzustände zwischen Bewusstsein und Unbewusstem und zwischen Leben und Ableben darstellen (Alt 2002, Wagner-Egelhaaf 1997) – abermals dem Verhältnis von Literatur und Medizin gewidmet. Zunächst stellt sich dabei die Frage, worin – auf Freuds *Traumdeutung* bezogen –, der Konnex von Traum, Schrift und Tod besteht. Ferner: In welchem Verhältnis stehen in diesem Kontext Traum, Tod und Kunst? Und schließlich: Welche genuine Funktion besitzt der Konnex von Traum, Schrift und Tod als literarisierte Medizin für die Literatur der Moderne? Als Beispiele dienen im letzten Teil der Ausführungen Franz Kafkas kurzer Text *Ein Traum* (1916) und Paul Celans Gedichtzyklus *Der Sand aus den Urnen* (1948/52).

Franz Kafka *Ein Traum*

Franz Kafkas kleiner Text *Ein Traum* (Kafka 1996) erschien erst spät im Kontext der Sammlung *Ein Landarzt* von 1919. Entstanden ist der Text vermutlich zwischen November 1916 und Juli 1917. Kafka konnte ihn auf eine Anfrage Martin Bubers für die Zeitschrift *Der Jude* nicht platzieren; Buber wählte später die beiden Texte *Schakale und Araber* und *Ein Bericht für eine Akademie* für den *Juden* aus, die im Oktober und November 1917 dort erschienen.

In Kafkas Text *Ein Traum* wird ein kurzer Lebensausschnitt eines Menschen namens Josef K. erzählt, der sich auf fast wunderbare Art und Weise auf einen Friedhof und an ein Grab treiben lässt, und zwar durch unerkannte Kräfte, die seinen Weg bestimmen (vgl. im Kontext von Krankheit und Gesundheit Gilman 1995 und 2008a, von Jagow 2008 und zur Problemkonstante der Subjektdissoziation Jahraus 2006: 362 – 371). Am Grab trifft er auf einen Künstler, der auf einen Stein in goldenen Buchstaben etwas schreiben möchte. Zu einem gewissen Moment versteht K., nachdem der Künstler die beiden Worte »Hier ruht« geschrieben hatte, sein Schreiben nun stockte und beide »hilflose Blicke« gewechselt hatten, dass es dem Künstler erst gelingen konnte, sein Werk zu vollenden, wenn Josef K. in das Grab aufgenommen sein würde. Wiederum setzt eine »sanfte Strömung« Josef K. in Bewegung, und er gleitet in das Grab. Im Grab liegend, »den Kopf im Genick noch aufgerichtet«, sieht er, wie »sein Name mit mächtigen Zieraten über den Stein [jagte]«. In diesem Moment und, wie es heißt, »[E]ntzückt von diesem Anblick«, wacht Josef K. auf. Die Geschichte ist überschrieben mit »Ein Traum«. Die erste Zeile des Textes lautet »Josef K. träumte:«; die letzte Zeile endet mit: »Entzückt von diesem Anblick erwachte er.«

Der Traum dient als Rahmung für eine Geschichte, in der im Paradigma von Traum, Schrift und Tod über die Bedingungen der Kunstentstehung reflektiert wird. Auf der Folie von Verstehen durch Sehen wird die Binnenstruktur des Textes über zwei Ebenen in ihrer Bedeutsamkeit aufgefächert: auf einer ersten Ebene über das Einbinden eines Künstlers als Schreiber, auf einer zweiten Ebene durch die Einbettung der Binnenstruktur in einen Traum. Diese doppelte Auffächerung rekurriert auf historische und poetologische Momente: auf Sigmund Freuds *Traumdeutung* einerseits, die im Denken über den Tod (des Vaters) durch die Selbstanalyse in einer Beschreibung der Dechiffrierarbeit von Träumen im Werk der *Traumdeutung* an ihr Ziel gelangt, und ferner auf Kafkas ureigenes Überleben von Kunst unter der Bedingung von Tod andererseits. Denn Kafka postuliert, insbesondere in seinen späten Erzählungen aus dem *Hungerkünstler*-Band, dass Kunst immer nur entstehen und überleben kann, wenn etwas anderes, meist ein Leben, geopfert wird. Ein Verstehen der symbolträchtig angelegten Handlungen der Figuren im Text, so zum Beispiel auch in Kafkas *Urteil*, wird erst über den Tod und im Medium der

Schrift möglich. Nachträglichkeit ist daher ein den Texten inhärentes struk-
turelles Prinzip, das semantisch über die Funktion des Traums bekräftigt wird.
Denn auch der Traumdeutung ist dieses Prinzip der Nachträglichkeit zu eigen,
wie die Analyse selbst von Träumen dieses Prinzip postuliert.

Wissensstrukturen, die Aufschluss über zirkulierende Wünsche geben
können, werden in Kafkas *Ein Traum* chronologisch und topografisch ge-
ordnet und im Ausschnitt eines Lebensmoments, der mit dem einbrechenden
Sterben endet, verhandelt. Hiermit wird Wissensvermittlung intratextuell
zwischen Traum, Tod und Erwachen angesiedelt, und Wahrnehmung und
Bewusstsein in einer fiktionsimmanenten Form doppelt irrealisiert. Durch die
Einbindung des Todesmoments erhält das Schreiben pathologisierenden
Charakter, wird aber emphatisch aufgeladen und somit positiv markiert. Insofern ist das Schreiben als Akt der Bewusstwerdung hier die Schwelle zwischen Leben und Tod oder zwischen Gesundheit und Krankheit. Das Pathologische, der Tod, wird hier aufwertend ins das Leben integriert. Er gehört
zum Leben dazu und ermöglicht ein Überleben (in der Kunst). Die in der
kurzen Erzählung gesetzte Situation, die ein Traum ist, entschärft zugleich das
Todesmoment, denn es wird »nur« geträumt – und ein Erwachen, sogar mit
Entzücken, ist garantiert. Insofern reflektiert Kafkas Text die Vorstellungen
über Leben und Tod und deren Verhältnisse zueinander im Medium der Literatur. Sodann ist diese Reflexion aber auch gebunden an die Bewertung von
Leben und Tod im Kontext von Kunst und Überleben, so dass der Tod ästhetisch überhöht wird. Die Denkfigur, was es heißt zu sterben, damit etwas
Eigenes (der eigene Name auf dem Grabstein und die Realisierung des
Künstlers als Persönlichkeit) überlebt, regt hier zum Nachdenken an. Destil-
liert man diese Denkfigur aus Franz Kafkas Text *Ein Traum* heraus – und es
gäbe viele andere Aspekte, die mit anderen Perspektivierungen zu erörtern
wären –, dann erinnert sie zum Beispiel an eine akute Diskussion und auch
Nachdenklichkeit von Patienten, die ein Organ gespendet bekommen. Zuge-
geben: Die Verbindungen liegen nicht unmittelbar auf der Hand. Aber das
Nachdenken über die Ermöglichungen, die der Tod einer Person freigibt, ist
dem Text inhärent. Sie ist auch zentrales Thema in der Diskussion um
Transplantationschirurgie und Organspende.

An Franz Kafkas *Ein Traum* kann damit exemplarisch gezeigt werden, dass
thematologische Zugriffe nur eine Art der Näherung auf dem Gebiet von
Literatur und Medizin sind. Weiter greifende, anthropologische Dimensionen
aufgreifende Näherungen könnten den kulturwissenschaftlichen Dialog vor-
antreiben und Literatur als seismografischen Ort von Kultur auf metarefle-
xiver Ebene betonen. Eben solche Beobachtungen wurden in den Näherungen
in dieser Studie forciert und sind für das 20. Jahrhundert als dringlich im
Kontext der geistesgeschichtlichen Entwicklungen zu beobachten.

Paul Celan *Der Sand aus den Urnen*

Während in Kafkas Text der Traum funktionalen Charakter besitzt, indem er als Rahmung die (fiktive) Geschichte als Traum markiert, in der sich das Subjekt seiner zeitlich gebundenen Situation bewusst wird über den Blick und das Werk eines Künstlers, damit aber in der ganzheitlichen Struktur wiederum im Umkehrschluss eine Entzeitlichung vorgenommen wird, tritt in Paul Celans Gedichtszyklus *Der Sand aus den Urnen* (Celan 1993) im Paradigma der Trias von Traum, Schrift und Tod eine transformierte Pathologisierung des Schreibens vor Augen (vgl. zu Werk und Biographie grundlegend Felstiner 1995, weiterführend May, Goßens und Lehmann 2008): Die Strukturen, in die der Traum eingebunden ist, zeugen von Materialisierung und Verzeitlichung. Der Traum in *Der Sand aus den Urnen* hat keinen paradigmatischen Charakter mehr, sondern unterliegt einer Episodenhaftigkeit, deren historische und systematische Aspekte erklärende Funktion besitzen. Damit erweist sich das Sprechen im Medium der Literatur wiederum als reflexives Gestalten der individuell wahrgenommenen Erlebniswelt.

Paul Celans Gedichtsband *Der Sand aus den Urnen* wurde 1948 in Wien im Verlag A. Sexl publiziert, wurde aber wegen der zum Teil Sinn störenden und nicht immer als solche erkennbaren Druckfehler vom Autor zurückgezogen. Nach der Deportation der Eltern 1942 und Celans Überleben der Shoah in einem Arbeitslager in Rumänien kehrt dieser im Frühjahr 1944 in die russisch besetzte Heimatstadt Czernowitz zurück. Seit Dezember 1947 lebt Celan in Wien und beginnt im Juli 1948, nach seiner Übersiedlung nach Paris, das Studium der Germanistik und Sprachwissenschaft. Vor diesem Hintergrund sind die Gedichte aus *Der Sand aus den Urnen* entstanden. Sie sind das Zeugnis der Erfahrung jüngster deutsch-jüdischer Geschichte und transformieren die Funktionalisierung des Traums als Erklärungsmodell der Konfrontation von Lebenskulturen sowohl auf chronologischer als auch auf topografischer Ebene. Sie stehen, mit Freud gesprochen, als unheimliche und unbewusste Strukturierung eines Konfliktergebnisses zwischen Kulturbedingungen.

Zum einen wird in dem Gedichtzyklus das Wort Traum in den Zusammenhang von Leblosigkeit und Hoffnungslosigkeit gestellt. Das trifft zum Beispiel für das Gedicht *Nachts* zu, wenn es heißt: »Verschluchzt in leeren Zelten ist das Wunder,/vereist das Krüglein Traums – was tuts?« Ferner kommt es zu einer Materialisierung und einer lebensweltlichen Konnotation, zum Beispiel in den Gedichten *Marianne*, *Die letzte Fahne* und *Das Gastmahl*, wenn vom »harte[n] Taler der Träume« die Rede ist, wenn Traum angeboten wird von etwas Namenlosem, oder wenn Träume zugetrunken werden und sie anders »gemünzt« sind. Zudem erfährt das Wort in seinem Umgang eine bedrohliche und kriegerische Bedeutung, so im Gedicht *Halbe Nacht*, wo es heißt »Mit den Dolchen des Traumes geheftet in sprühende Augen«.

Entscheidend aber dürften die Gedichte sein, in denen diese Episoden-
haftigkeit der Verwendung von Traum, die chronologisch betrachtet auf
Diskontinuität zielt und entgegengesetzt der Geschichte über den Traum bei
Kafka argumentieren, auf topografischer Ebene konkretisiert werden. Dar-
über geben die Gedichte *Dunkles Aug im September*, *Der Stein aus dem Meer*,
Erinnerung an Frankreich, *Nachtstrahl* und die bekannte *Todesfuge* Auskunft.

In *Dunkles Aug im September* heißt es: »Unverhüllt an den Toren des
Traumes/streitet ein einsames Aug«; in *Der Stein aus dem Meer* heißt es: »So
blieb uns zu spinnen die neue, die rötliche Wolle des Schlafs an/der sandigen
Grabstatt des Traums«. Beide Gedichte setzen den Traum als Ort am Rande
einer imaginären Topographie, so an den Toren oder an der sandigen Grabstatt – und damit wird er pejorativ markiert, pathologisiert, marginalisiert.
Beide Orte zeugen vom Übergang von einer Welt in die andere, vom Übertritt
des Menschen durch den allegorisch gedachten Traum in oder an eine un-
vordenkliche Stätte. In dem Gedicht *Erinnerung an Frankreich* wird der Traum
schließlich personifiziert und als »unser Nachbar« bezeichnet, der über die
sprachliche Markierung diesen Transitraum zwischen Erkennen und Verstehen bedeutet, wenn im deutschsprachigen Gedicht der Nachbar zu »Monsieur
LeSonge« wird.

Leblosigkeit, Hoffnungslosigkeit, Materialisierung und Bedrohlichkeit in
eins verdichtet sich weiter in dem Gedicht *Nachtstrahl:* Hier werden die beiden
tragenden Topoi des Gedichtszyklus, die Liebe und der Tod, im Angesicht der
Shoah eng geführt in den folgenden Versen:

> Am lichtesten brannte das Haar meiner Abendgeliebten:
> ihr schick ich den Sarg aus dem leichtesten Holz.
> Er ist wellenumwogt wie das Bett unsrer Träume in Rom;
> er trägt eine weiße Perücke wie ich und spricht heiser:
> er redet wie ich, wenn ich Einlaß gewähre den Herzen.
> Er weiß ein französisches Lied von der Liebe, das sang ich im
> Herbst,
> als ich weilte auf Reisen in Spätland und Briefe schrieb an den/Morgen.

Die Verse spiegeln binnenfiktional das Gewebe und die symbolische Kon-
densiertheit aller Gedichte wider, indem sie die tragende Opposition zwischen
dem Tod und dem lyrischen Ich auffächern. Diese wiederum rekurriert auf der
historischen Erfahrung des schreibenden Ich namens Paul Celan (Antschel),
der – in einer entstellten, aber dennoch ähnlichen Dynamis zu Josef K. aus
Kafkas *Ein Traum*, über die Trias Traum, Schrift, Tod im Medium der Schrift
sich seiner Geschichte bewusst wird. Während Josef K. entzückt vom Anblick
des Traums erwacht, in dem er Kunst um den Preis seines eigenen Lebens
zulässt, im Paradigma einer kontinuierlichen Handlung also ein Werk schafft,
weilt das Celansche Ich auf Reisen und schreibt Briefe an den Morgen, was
über die Episodenhaftigkeit der Funktionalisierung des Traums in den Gedichten poetologisch reflektiert wird.

Schließlich bezeugen die Gedichte *Spät und Tief* und *Corona* eine Eigenheit von Traum, die wiederum aus den bisherigen Klassifizierungen resultiert und mit einem historischen Index behaftet ist, der in seiner basalen Struktur auf die Folie des Zusammenhangs von Traum, Schrift und Tod paradox reagiert: Es ist die nicht mehr mögliche Wunscherfüllung von Schlaf und die gegenseitige Ausgeschlossenheit von Schlaf und Traum, wenn es heißt »wir schwören sie [die heiligen Schwüre des Sandes] laut von den Dächern des traumlosen Schlafes« oder »im Traum wird geschlafen«.

Mit der formalen und funktionalen Verwendung des Paradigmas von Traum, Schrift und Tod bezieht sich Paul Celan – bewusst oder unbewusst auf der Folie Sigmund Freuds – auch auf das Schreiben nach dem Massenmord an Jüdinnen und Juden, deren Tod nur über die Schrift und in einer (unbewusst formulierten) Bearbeitung als Konfliktergebnis in seiner Nachträglichkeit vor Augen tritt. Freuds Denken ist damit in die eigentliche Textur der modernen Kultur verwoben, so auch in die der (jüdischen) deutschsprachigen Literatur. Genesung erfolgt sowohl bei Kafka als auch bei Celan im Medium der Literatur, in der Möglichkeit der Sprachfindung überhaupt, wenn das schreibende Subjekt zwischen Gesundheit und Krankheit schwebt. Literatur wird so für beide Autoren zur Daseinsmöglichkeit und erlaubt, die eigene gebrechliche Körperlichkeit qua Sprache zu überwinden.

Die Literatur der Moderne, hier vor allem die deutsch-jüdische, greift auf eine Textur bei der Arbeit mit dem Traum zurück, die allererst durch Sigmund Freuds *Traumdeutung* erklärbar wird. Schon in der *Traumdeutung*, spätestens durch die nachträglichen Aussagen des Autors über die Bedeutsamkeit des Werks (auch) für ihn selbst, wird deutlich, dass Träume als künstlerische Akte betrachtet werden können, die als ein Konfliktergebnis zwischen Kulturbedingungen, verdrängten Wünschen und dem Schlafwunsch analysiert werden.

Im Vorgang der Traumentstellung greifen die Prozesse von Verschiebung, Verdichtung, Aufhebung und Abwesenheit von Zeit und Tod im dynamischen Unbewussten ineinander; aus ihrem Zusammenspiel ergibt sich die Traumarbeit, die dramatisch angelegt und meist symbolisch gestaltet als Wunscherfüllung agiert. Hier greift auch grundsätzlich das Prinzip der Bibliotherapie: Viele Autoren der Moderne schreiben, um im Schreiben überhaupt erst zum Dasein zu kommen. Ihre eigenen Bücher haben für sie also Heilungskraft, sind oftmals Überlebenselixier – und können als solches auch für andere funktionieren.

In diesem Kontext kann der Text Franz Kafkas *Ein Traum* und können die Gedichte Paul Celans aus dem Gedichtzyklus *Der Sand aus den Urnen* als poetische Konstellationen analysiert werden, die über die Arbeit mit dem Traum in der Fiktion ihr eigenes autorenspezifisches Wissen generieren: Franz Kafka inszeniert dieses über die Einbettung einer Geschichte zur Reflexion von Kunstentstehung in einen Traum und folgt damit etwa um 1916 einem chronologisch angelegten und topografisch eindeutig markiertem Muster, wenn er Josef K. im Grab seinen Namen als Kunstwerk im Moment des

Todes erblicken lässt. Er inszeniert Verstehen von Zeichen im Kontext von Traum, Schrift und Tod. Eine Pathologisierung des Schreibens legt die Einbettung der Möglichkeit von Kunst im Moment des Todes nahe; sie ist jedoch euphorisch angelegt und strukturell über die Rahmung des vollendeten Kunstwerks durch träumen und erwachen einem positivem Erkenntnisprozess zugeschrieben. Das wiederum verdeutlicht die Verknüpfung und gegenseitige Bedingtheit von Literatur, Gesundheit und Krankheit.

Paul Celan dagegen bettet seinen Umgang mit der Arbeit am Traum in einen realhistorischen Kontext des Massenmords ein; davon zeugen die Gedichte aus seinem ersten Zyklus nach der Shoah, aus *Der Sand aus den Urnen*. Traumentstellung erfolgt im episodenhaften und diskontinuierlichen Gebrauch des Lexems Traum, welches im Zeichen von Leblosigkeit, Hoffnungslosigkeit, Materialisierung, Bedrohlichkeit steht und einen gegenseitigen Ausschluss des natürlichen Geschehens von Traum und Schlaf benennt. Die Pathologisierung des Schreibens wird dort nicht mehr fiktionsimmanent diskutiert, sondern metatextuell erfahrbar. Insofern war für Celan als Autor Schreiben und das Zur-Sprache-Kommen eine Möglichkeit des Daseins und der eigenen Bibliotherapie. Beide Beispiele verdeutlichen jedoch etwas Gemeinsames: Literatur wird zum Humanum, zu einem Medium, in dem Krisenhaftes der individuellen wie der allgemeinen Geschichte als in das Leben integrierbar aufgezeigt und damit als bewältigbar dargestellt werden. Eine ähnliche Tendenz ist nun auch um die Jahrtausendwende zu verzeichnen.

Es verwundert also nicht, dass die Kategorie des Humanen am Ende des 20. und zu Beginn des 21. Jahrhunderts erneut virulent im Zentrum auch des politischen Alltagsgeschehens steht: Terror ist das Schlagwort der Medien, Terror ist omnipräsent (man denke nur an Orte wie Israel, London, Spanien, Irak), Terror begleitet den Alltag vieler Bürgerinnen und Bürger – die Reihe an Assoziationen, die der Begriff ins Rollen bringt, ist fast unendlich (Lorenz 2005). Terror existiert aber nicht nur im Alltag, ist nicht nur real präsent, wenn Bomben in die Luft gehen, Terror existiert auch im Kopf, wenn psychische Belastungen zu groß oder Angst unerträglich werden. Diese Ebene von Terror besteht nur in der Vorstellung, scheint quasi imaginär. Posttraumatische Belastungsstörungen, unverarbeitete Konflikte oder Vorstellungen einer möglichen bedrohlichen Entwicklung in der eigenen Umwelt können jedoch einen Menschen ebenso in seiner Denk- und Handlungsfreiheit einschränken wie ihn realer Terror – im Sinn zum Beispiel eines eingeschränkten topografischen Bewegens – daran hindert, sein Leben nach eigenem Willen und Wollen zu gestalten.

Der Wunsch, sein Leben nach eigenem Willen und Wollen zu gestalten, treibt den Menschen jedoch seit jeher um; man könnte ihn als eine anthropologische Konstante fassen – und er wurde in der ersten Näherung mit der Frage und den Diskussionen um Autonomie bereits erörtert. Dabei ist die Balance zwischen »Gut« und »Böse«, zwischen Norm und Tabu, nicht immer eindeutig. Beispiele hierfür finden sich in der Kulturgeschichte des Menschen seit der Antike, so zum Beispiel im Prometheus-Mythos, in der Homunculus-Diskussion (auch in Goethes *Faust* bearbeitet) bis hin zur embryonalen Stammzellenforschungs-Debatte der Gegenwart. Jede Generation hat diese, seit der Neuzeit der wissenschaftlichen Forschung verschriebenen »Fortschritte« als Leistung einerseits, als Bedrohung – und damit als Faszinosum zwischen Autonomie (Selbstbestimmung) und Heteronomie (Fremdbestimmung) – erfahren. In moderner Sprache: die einen als Machtausübung zur Erlangung von Freiheit, die anderen als Terror. Zwischen beiden Polen ist die Kategorie des Humanen anzusiedeln.

Anhand der Fragestellung nach der Kategorie des Humanen könnten am Beispiel medizinischer und biotechnischer Entwicklungen und ihrer ethischen Implikationen Literatur und Medizin weiterführend in einen kulturwissenschaftlichen Dialog gebracht werden. Im Zentrum steht dabei die interdisziplinäre Beschreibung des Wandels des Menschenbildes in den Humanwissenschaften an der Jahrtausendwende. Es ist ein Desiderat der Forschung, dass im interdisziplinären Verbund durch die gemeinsame Diskussion von exemplarischen Einzelbeispielen durch unterschiedliche disziplinäre mikrohistorische Teilprojekte eine makrostrukturale systematische Antwort auf jenen Wandel gegeben werden kann. Die Zielsetzungen dieser Forschungsarbeit bestünden darin, Schnittstellen geisteswissenschaftlicher Diskurse und empirischer Wissenschaften sowie aktuelle Entwicklungen und Forschungsdiskussionen in Medizin, Technik und Ethik, deren politische Dimensionen, deren Aufnahmen in Literatur und Literaturkritik (Rezeption), deren gesellschaftspolitische Wertigkeit unter besonderer Berücksichtigung des politisch einflussreichen Wechselverhältnisses zwischen Medizin, Biowissenschaften und Geisteswissenschaften systematisch, das heißt im Sinn einer Humanwissenschaft, die unter kulturanthropologischer Prämisse den Menschen als Subjekt ins Zentrum des Interesses stellt, zu untersuchen. Es darf also hier auf ein Forschungsdesiderat aufmerksam gemacht werden, das in der zukünftigen Diskussion auf dem Gebiet von Literatur und Medizin einen großen Stellenwert besitzen wird – und das, abgesehen von einigen Einzelstudien (siehe Forschungsüberblick in der Einleitung) bisher nicht erörtert wurde. Hier nun sei zusammenfassend für diese Studie nochmals eindringlich gefragt: Was treibt also die Literatur zur Medizin?

In den einzelnen Näherungen wurde auf unterschiedlichen Ebenen deutlich, dass es immer wieder die Transformationsmöglichkeiten und Reflexionsräume sind, welche die Literatur zur Medizin treiben. Es ist die genuine Funktion von Literatur, im kulturellen Haushalt, vor allem der Moderne, also des 20. Jahrhunderts und der zeitgenössischen Literatur, Grenzerfahrungen zwischen Gesundheit und Krankheit auszuloten. Seien dies psychisch schwierige, pathologische Erfahrungen, die sich unmittelbar mit Krankheitsbildern decken, seien dies physisch alarmierende Erfahrungen, die krankheitswertig sind, oder seien dies biografisch motivierte Pathologisierungen des Individuums, zum Beispiel durch die Erfahrung einer barbarischen Geschichte, die Literaten dazu treiben, sich mit medizinischem Wissen auseinanderzusetzen, es in transformierter Form erfahrungsreich in Szene zu setzen, das heißt in Sprache zu bewältigen. Immer steht dabei der Mensch im Zentrum dieser Sprachfindung und Sprachgestaltung, der in fiktiven Welten Krankheit erleidet und Genesung findet. Dass sich dank der fiktionalen Gestaltung der Literatur das transformierte Wissen aus Realem und Imaginärem speist, ermöglicht wiederum auch das hohe Identifikationspotenzial: von Kranken, von Genesenden, von Menschen in Krisensituationen. Es ist vorstellbar, dass gerade die fiktiven Gebilde das Andere unserer Realität sind, die Leben immer auch lebendig, gestaltend, freudevoll und wertvoll machen. Der Mensch als Ganzes, aus Leib und Seele, kann sich nicht auf seine Leiblichkeit, und damit auf seine Materialität zurückziehen. Er bedarf auch des Sinnlichen, der Gefühle, der Wahrnehmungen und Erfahrungen. Das stellt ihn als Wesen zwischen die in dieser Welt erfahrbaren medialen Schichten: Sei dies die Kunst, das Internet, der Film, die Literatur, der Tanz, die Oper (…) Das sinnlich Erfahrbare aber kennzeichnet auch große Bereiche des medizinischen Wissens. Schmerz wird leiblich und sinnlich erfahrbar, beschreibbar. Er ist nicht nur leibliche Äußerung einer möglichen Pathologie, sondern sinnliche Erfahrung von Krankheit. Krankheit – ebenso wie Gesundheit – sind daher Phänomene, die der Mensch körperlich und seelisch wahrnehmbar erfährt, und zwar als unzertrennlich. Dabei kommt es oftmals zu schwierigen Situationen im Leben eines Menschen, zu Grenzerfahrungen, die Wünsche nach einem anderen Zustand freisetzen. Die Wunscherfüllung einer derart freigesetzten Emotionalität stellt nun die Literatur als Spezifikum künstlerischer, das ist literarischer Tätigkeit dar. Sie konkurriert damit nicht mit medizinischem Wissen, sondern stellt ein eigenes Medium ästhetisch transformierter Erfahrungen dar. Damit treibt es sie wiederum nochmals zur Medizin: Literatur und Medizin, könnte man formulieren, stellen dem Menschen grundsätzlich etwas Produktives an die Seite, das er nutzen kann, nicht aber muss: Medizin in einem heilkundlichen Wissen, das Genesung verspricht; Literatur in einer ästhetischen Reflexion, die Nachdenklichkeit fordert und fördert.

Literatur

Alt, Peter-André (2002): Der Schlaf der Vernunft. Literatur und Traum in der Kulturgeschichte der Neuzeit. München.

Anonym (2003): Alkohol-Exzesse. Wie US-Studenten sich um den Verstand saufen. In: Spiegel-Online. 17.1.2003. www.spiegel.de/unispiegel/wunderbar/0,1518,2310 17,00.html (abgerufen 30.8.2008).

Anonymus (1933): Die Neue Deutsche Rundschau, Heft 4, April 1933, S. 527–540.

Anz, Thomas (1989): Gesund oder krank? Medizin, Moral und Ästhetik in der deutschen Gegenwartsliteratur. Stuttgart.

Anz, Thomas (2002): Autoren auf der Couch? Psychoanalyse und biographisches Schreiben. In: Christian Klein (Hg.): Grundlagen der Biographik. Theorie und Praxis des biographischen Schreibens. Stuttgart, Weimar, S. 87–106.

Anz, Thomas und Oliver Pfohlmann (Hg.) (2006): Psychoanalyse in der literarischen Moderne. Eine Dokumentation. Bd. 1: Einleitung und Wiener Moderne. Marburg.

Arnold, Heinz Ludwig (2006): Text+Kritik. Heft 44: Gottfried Benn. 3. Auflage Neufassung. München.

Artmann, Stefan (2005a): Fitness. In: Bettina von Jagow und Florian Steger (Hg.): Literatur und Medizin. Ein Lexikon. Göttingen, Sp. 243–249.

Artmann, Stefan (2005b): Vitalismus. In: Bettina von Jagow und Florian Steger (Hg.): Literatur und Medizin. Ein Lexikon. Göttingen, Sp. 838–842.

Auerbach, Erich (1988): Mimesis. Dargestellte Wirklichkeit in der abendländischen Literatur. 8. Auflage. Bern, Stuttgart.

Bachmann, Ingeborg (1993): Bd. 3. Todesarten: Malina und unvollendete Romane. In: Dies.: Gesammelte Werke. Hg. v. Christine Koschel, Inge von Weidenbaum, Clemens Münster. 4. Bde. 5. Auflage. München, Zürich.

Bachmann, Ingeborg (2000): Ich weiß keine bessere Welt. Unveröffentlichte Gedichte. München.

Bachmann, Ingeborg und Paul Celan (2008): Herzzeit. Frankfurt am Main.

Battegay, Raymond und Udo Rauchfleisch (1990): Menschliche Autonomie. Göttingen.

Benn, Gottfried (1968): Gesammelte Werke in acht Bänden. Herausgegeben von Dieter Wellershoff. Bd. 8. Wiesbaden.

Benn, Gottfried (1984): Doppelleben. Zwei Selbstdarstellungen. Stuttgart.

Benn, Gottfried (1998): Sämtliche Gedichte. Herausgegeben von Gerhard Schuster. Stuttgart.

Bergdolt, Klaus (1995): Der psychisch kranke Künstler – ein historischer Rückblick. In: Fortschritte der Neurologie, Psychiatrie 63, S. 255–263.

Bergdolt, Klaus (1999): Eine Kulturgeschichte des gesunden Lebens. München.

Bergdolt, Klaus und Dietrich von Engelhardt (Hg.) (2000): Schmerz in Wissenschaft, Kunst und Literatur (= Schriften zur Psychopathologie, Kunst und Literatur, 6). Hürtgenwald.

Bergsma, Jurrit und David Thomasma (2000): Autonomy and clinical medicine. Dordrecht u. a.

Beveridge, Allan (2003): Should psychiatrist read fiction. In: British Journal of Psychiatry 182, S. 385–387.

Blatný, Ivan (2005): Alte Wohnsitze. Gedichte Aus dem Tschechischen und mit einem Nachwort von Christa Rothmeier. Edition Korrespondenzen. Wien.

Bobert, Monika (2002): Patientenautonomie und Pflege. Frankfurt am Main.

Boothe, Brigitte (2004): Der Patient als Erzähler in der Psychotherapie. 2. Auflage. Gießen.

Breuer, Stefan (1986): Sozialdisziplinierung: Probleme und Problemverlagerungen eines Konzepts bei Max Weber, Gerhard Oestreich und Michel Foucault. In: Christoph Sachse und Florian Tennsted (Hg.): Soziale Sicherheit und Soziale Disziplinierung. Frankfurt am Main, S. 45–69.

Brock, Heyward D. und Richard M. Ratzan (Hg.) (1988): Literature and Bioethics. Baltimore.

Brunner, Jürgen und Florian Steger (2005a): Psychiatrie. In: Bettina von Jagow und Florian Steger (Hg.): Literatur und Medizin. Ein Lexikon. Göttingen, S. 641–647.

Brunner, Jürgen und Florian Steger (2005b): Psychopathologie. In: Bettina von Jagow und Florian Steger (Hg.): Literatur und Medizin. Ein Lexikon. Göttingen, S. 653–658.

Caldwell, Janis M. (2000): Literature and medicine in nineteenth-century Britain. Cambridge.

Celan, Paul (1993): Der Sand aus den Urnen. Gesammelte Werke. Herausgegeben von Beda Allemann und Stefan Reichert unter Mitwirkung von Rolf Bücher. Bd. 1. Frankfurt am Main.

Chyung, Dorothy (2008): Eating Disorders and Literature. In: Jahrbuch Literatur und Medizin 2, S. 123–136.

Danou, Gérard, Olivier Annie und Philippe Bagros (1998): Littérature et médecine. Paris.

Degler, Frank und Christian Kohlroß (Hg.) (2006): Epochen / Krankheiten. Konstellationen von Literatur und Pathologie (= Das Wissen der Literatur, 1). St. Ingbert.

Delabar, Walter (1996): Was tun? Versuch über Bewältigungskonzepte in der Moderne. Das Beispiel Max Mohr. In: Zeitschrift für Germanistik. N.F. 8, S. 113–127.

Deutsche Hauptstelle für Suchtfragen (Hg.) (2002): Jugend und Sucht. Eine Initiative der DHS und ihrer Mitgliedsverbände 2003: Schwerpunkt Jugend und Sucht. Hamm.

Deutsche Hauptstelle für Suchtfragen (Hg.) (2003): Jahrbuch Sucht 2003. Geesthacht.

Draesner, Ulrike (1995): Gedächtnisschleifen. Frankfurt am Main.

Dreier, Horst (2008): Die Freiheit des Andershandelnden. In: FAZ v. 30.8.2008. Die Gegenwart, S. 8.

Eckart, Wolfgang U. (Hg.) (2000): 100 Years of Organized Cancer Research – 100 Jahre organisierte Krebsforschung. Stuttgart.

Eckart, Wolfgang U. (2008): »Ergo bibamus!« Die Medizin im ärztlichen Trinklied des 19. Jahrhunderts. In: Jahrbuch Literatur und Medizin 2, S. 137–153.

Eckart, Wolfgang U. und Robert Jütte (2007): Medizingeschichte. Eine Einführung. Köln u. a.

Eibach, Ulrich (1997): Vom Paternalismus zur Autonomie des Patienten? Medizinische Ethik im Spannungsfeld zwischen einer Ethik der Fürsorge und einer Ethik der Autonomie. In: Zeitschrift für medizinische Ethik 43, S. 215–231.

Engelhardt, Dietrich von (1978): Medizin und Literatur in der Neuzeit – Perspektiven und Aspekte. In: Deutsche Vierteljahrsschrift für Literaturwissenschaft und Geistesgeschichte 52, S. 351–380.

Engelhardt, Dietrich von (1986): Mit der Krankheit leben. Grundlagen und Perspektiven der Copingstruktur des Patienten. Heidelberg.

Engelhardt, Dietrich von (Hg.) (1989): Diabetes in Medizin- und Kulturgeschichte. Grundzüge, Texte, Bibliographie. Berlin u. a.

Engelhardt, Dietrich von (1991): Medizin in der Literatur der Neuzeit. I. Darstellung und Deutung (= Schriften zu Psychopathologie, Kunst und Literatur, 2). Hürtgenwald.

Engelhardt, Dietrich von (1999): Krankheit, Schmerz und Lebenskunst. Eine Kulturgeschichte der Körpererfahrung. München.

Engelhardt, Dietrich von (2000): Medizin in der Literatur der Neuzeit II. Bibliographie der wissenschaftlichen Literatur 1800–1995 (= Schriften zur Psychopathologie, Kunst und Literatur, 3). Hürtgenwald.

Engelhardt, Dietrich von (2002): Zur historischen Entwicklung und gegenwärtigen Situation der Bibliotherapie. In: Joachim Weis, Susanne Seuthe-Witz und Gerhard A. Nagel (Hg.): Das Unbeschreibliche beschreiben, das Unsagbare sagen: Poesie und Bibliotherapie mit Krebskranken. Regensburg, S. 3–23.

Engelhardt, Dietrich von (2003): Gesundheit und Krankheit. In: Alois Wierlacher und Andrea Bogner (Hg.): Handbuch interkulturelle Germanistik. Stuttgart, S. 158–165.

Engelhardt, Dietrich von (2005a): Geleitwort. In: Bettina von Jagow und Florian Steger (Hg.): Literatur und Medizin. Ein Lexikon. Göttingen, Sp. 1–6.

Engelhardt, Dietrich von (2005b): Gesundheit und Krankheit. In: Bettina von Jagow und Florian Steger (Hg.): Literatur und Medizin. Ein Lexikon. Göttingen, Sp. 298–304.

Engelhardt, Dietrich von und Horst-Jürgen Gerigk (2005): Ärzte. In: Bettina von Jagow und Florian Steger (Hg.): Literatur und Medizin. Ein Lexikon. Göttingen, Sp. 16–24.

Engelhardt, Dietrich von, Hans Jörg Schneble und Peter Wolf (Hg.) (2000): »Das ist eine alte Krankheit« – Epilepsie in der Literatur (= Literatur und Wissenschaft im Dialog, 2). Stuttgart.

Engelhardt, Dietrich von, Horst-Jürgen Gerigk, Guido Pressler und Wolfram Schmitt (Hg.) (1990): Melancholie in Literatur und Kunst (= Schriften zur Psychopathologie, Kunst und Literatur, 1). Hürtgenwald.

Erhart, Walter (1997): Medizingeschichte und Literatur am Ende des 19. Jahrhunderts. In: Scientia Poetica 1, S. 224–267.

Erhart, Walter (2004): Medizin – Sozialgeschichte – Literatur. In: Internationales Archiv für Sozialgeschichte der deutschen Literatur 29, S. 118–128.

Erhart, Walter, Tanja Nusser und Elisabeth Strowick (Hg.) (2003): Literatur und Medizin. Themenheft. Der Deutschunterricht. Beiträge zu seiner Praxis und wissenschaftlichen Grundlegung. Band 55.

Fallada, Hanns (1995): Der Trinker. Roman. Berlin.

Faust, Volker und Günter Hole (1983): Psychiatrie und Massenmedien. Presse – Funk – Fernsehen – Film. Compendium psychiatricum. Stuttgart.

Felstiner, John (1995): Paul Celan: Poet, Survivor, Jew. New Haven, London.

Finzen, Asmus (2000): Die Psychiatrie, die psychisch Kranken und die öffentliche Meinung. Beobachtungen zu einer gestörten Kommunikation. In: Soziale Psychiatrie 4, S. 4–6.

Foucault, Michel (1963): Naissance de la clinique. Paris.

Foucault, Michel (1966): Les mots et les choses. Une archéologie des sciences humaines. Paris.

Freud, Sigmund (2005): Die Traumdeutung. Frankfurt am Main [zuerst 1900].

Frewer, Andreas und Stefanie Stockhorst (2003): Bibliomanie als Krankheit und Kulturphänomen. Pathographische Fallstudien zur Rezeption von Magister Johann Georg Tinius (1768–1846). In: KulturPoetik 3, S. 246–262.

Friedrich, Hugo (1956): Die Struktur der modernen Lyrik. Von Baudelaire bis zur Gegenwart. Hamburg.

Furst, Lilian R. (1998): Between doctors and patients: the changing balance of power. Charlottesville.

Furst, Lilian R. (2000): The ›Importance‹ of Medical History for Literature. In: William C. Donahue, Scott Denham (Hg.): History and Literature. Essays in Honor of Karl S. Guthke. Tübingen, S. 145–161.

Gay, Peter (1995): Freud. Eine Biographie für unsere Zeit. Aus dem Amerikanischen von Joachim A. Frank. Frankfurt am Main [zuerst engl. 1987].

Gelfert, Axel (2005): Aufklärung des Patienten. In: Bettina von Jagow und Florian Steger (Hg.): Literatur und Medizin. Ein Lexikon. Göttingen, Sp.84–89.

Gilman, Sander (1988): Disease and Representation. Images of Illness from Madness to AIDS. Ithaca, NY.

Gilman, Sander (1995): Franz Kafka. The Jewish Patient. New York.

Gilman, Sander (2008a): Kafka und Krankheit. In: Bettina von Jagow und Oliver Jahraus (Hg.): Kafka Handbuch. Leben – Werk – Wirkung. Göttingen, S. 114–120.

Gilman, Sander (2008b): Rezension: Roland Borgards: Poetik des Schmerzes. Physiologie und Literatur von Brockes bis Büchner. München: Wilhelm Fink 2007. Iris Hermann: Schmerzarten: Prolegomena einer Ästhetik des Schmerzes in Literatur,

Musik und Psychoanalyse. Heidelberg: Universitätsverlag Winter 2006. In: Jahrbuch Literatur und Medizin 2, S. 241–244.

Gravenkamp, Horst (2004): »Um zu sterben muß sich Herr F. erst eine andere Krankheit anschaffen« Theodor Fontane als Patient. Göttingen.

Gröne, Maximilian (2005): Sinneswahrnehmung. In: Bettina von Jagow und Florian Steger (Hg.): Literatur und Medizin. Ein Lexikon. Göttingen, Sp. 722–731.

Gröne, Maximilian (2006): Maladie ès lettres – Krankheitsdarstellungen bei Camus, Giono, Beauvoir, Cardinal und Guibert. Würzburg.

Große, Wilhelm (2002): Gottfried Benn. Stuttgart.

Grossmann, David (2002): Das Gedächtnis der Haut. München.

Gürtler, Christa (1982): Der Fall Franza. Eine Reise durch eine Krankheit und ein Buch über ein Verbrechen. In: Hans Höller (Hg.): »Der dunkle Schatten, dem ich schon seit Anfang folge«. Ingeborg Bachmann – Vorschläge zu einer neuen Lektüre des Werks. Wien, S. 71–84.

Hahn, Thorsten, Jutta Person und Nicolas Pethes (Hg.) (2002): Grenzgänge zwischen Wahn und Wissen. Zur Koevolution von Experiment und Paranoia 1850–1930. Frankfurt am Main, New York.

Haworth, Lawrence L. (1986): Autonomy. An essay in philosophical psychology and ethics. New Haven, London.

Hermann, Eva und Jan Schildmann (2005): Kommunikation. In: Bettina von Jagow und Florian Steger (Hg.): Literatur und Medizin. Ein Lexikon. Göttingen, Sp. 432–435.

Hermann, Iris (2006): Schmerzarten: Prolegomena einer Ästhetik des Schmerzes in Literatur, Musik und Psychoanalyse. Heidelberg.

Hess, Volker (2000): Der wohltemperierte Mensch. Wissenschaft und Alltag des Fiebermessens (1850–1900). Frankfurt am Main, New York.

Hick, Christian (2007): Klinische Ethik. Heidelberg.

Hildt, Elisabeth (2005): Autonomie in der biomedizinischen Ethik. Genetische Diagnostik und selbstbestimmte Lebensgestaltung. Frankfurt am Main, New York.

HL. (2003): Jugend und Sucht – das soll in diesem Jahr ein Schwerpunkt sein. Jugend geht hohes Risiko ein, ist aber auch gut zu bekehren. In: Ärzte Zeitung. 10.1.2003. www.aerztezeitung.de/docs/2003/01/10/004a1601.asp?npro ductid= 2563&narticleid= 242920 (abgerufen, 30.8.2008).

Hoffmann-Richter, Ulrike (2000): Psychiatrie in der Zeitung. Urteile und Vorurteile. Bonn.

Hoffmann-Richter, Ulrike (2006): Literatur und Medizin. Buchbesprechung. In: Psychiatrische Praxis 33, S. 5.

Humbert, Nicolas (1997): »Shanghai – Wolfsgrub via Siberia. Briefe Max Mohrs an Käthe Mohr 1934–1937«, veröffentlicht in Max Mohr: Das Einhorn. Romanfragment. Mit Briefen Max Mohrs aus Shanghai, 1934–1937. Herausgegeben und mit einem Nachwort von Nicolas Humbert. Bonn, S. 133–178.

Hunsaker Hawkins, Anne und Marilyn Chandler McEntyre (Hg.) (2000): Teaching Literature and Medicine. New York.

Jagow, Bettina von (2003): Ästhetik des Mythischen. Poetologien des Erinnerns im Werk von Ingeborg Bachmann (= Literatur – Kultur – Geschlecht, 25). Köln u. a.

Jagow, Bettina von (2005): Autonomie. In: Bettina von Jagow und Florian Steger (Hg.): Literatur und Medizin. Ein Lexikon. Göttingen, Sp. 96–104.

Jagow, Bettina von (2008): Franz Kafka: Verwundeter oder Genie? In: Jahrbuch Literatur und Medizin 2, S. 177–184.

Jagow, Bettina von und Florian Steger (Hg.) (2003): Differenzerfahrung und Selbst. Bewusstsein und Wahrnehmung in Literatur und Geschichte des 20. Jahrhunderts. Heidelberg 2003.

Jagow, Bettina und Florian Steger (2004a): Bilder des Menschen zwischen Selbstbestimmung und Fremdsteuerung: Ulrike Draesners *autopilot*-Gedichte. In: Bettina von Jagow und Florian Steger (Hg.): Repräsentationen. Medizin und Ethik in Literatur und Kunst der Moderne. Heidelberg, S. 51–65.

Jagow, Bettina von und Florian Steger (Hg.) (2004b): Repräsentationen. Medizin und Ethik in Literatur und Kunst der Moderne. Heidelberg.

Jagow, Bettina von und Florian Steger (Hg.) (2005): Literatur und Medizin. Ein Lexikon. Göttingen.

Jagow, Bettina von und Oliver Jahraus (Hg.) (2008): Kafka-Handbuch. Leben – Werk – Wirkung. Göttingen.

Jahraus, Oliver (2006): Kafka. Leben, Schreiben, Machtapparate. Stuttgart.

Jürss, Detlev (1985): Rausch und Realitätsflucht. Eine Untersuchung zur Suchtthematik im Romanwerk Hans Falladas. Konstanz. Univ. Diss.

Jürss, Detlev (1995): In der Wüste des Daseins: Hans Falladas verführbare Helden. Anmerkung zur Suchtdarstellung in seinem Werk. In: Gunnar Müller-Waldeck und Roland Ulrich (Hg.): Hans Fallada. Beiträge zu Leben und Werk. Rostock, S. 141–154.

Kafka, Franz (1996): Ein Traum. In: Ders.: Drucke zu Lebzeiten. Kritische Ausgabe. Herausgegeben von Jürgen Born, Gerhard Neumann, Malcom Pasley und Jost Schillemeit unter Beratung von Nahum Glatzer, Rainer Gruenter, Paul Raabe und Marthe Robert. Frankfurt am Main, S. 295–298.

Karenberg, Axel (2005): Amor, Äskulap & Co. Klassische Mythologie in der Sprache der modernen Medizin. Stuttgart.

Käser, Rudolf (1998): Arzt, Tod und Text. Grenzen der Medizin im Spiegel deutschsprachiger Literatur. München.

Keitel, Evelyne (1986): Psychopathographien – Die Vermittlung psychotischer Phänomene durch Literatur. Heidelberg.

Kersting, Franz-Werner (Hg.) (2003): Psychiatriereform als Gesellschaftsreform. Die Hypothek des Nationalsozialismus und der Aufbruch der sechziger Jahre. Paderborn u. a.

Klimpel, Volker (1999): Schriftsteller-Ärzte. Biographisch-bibliographisches Lexikon von den Anfängen bis zur Gegenwart. Hürtgenwald.

Klimpel, Volker (2006): Lexikon fremdsprachiger Schriftsteller-Ärzte. Frankfurt am Main.

Köpf, Gerhard und Hans-Jürgen Möller (2006): ICD-10 literarisch. Ein Lesebuch für die Psychiatrie. Wiesbaden.

Krüger Fürhoff, Irmela, Tanja Nusser und Elisabeth Strowick (2006): Postdoc-Kolleg »Krankheit und Geschlecht« In: Andrea Bettels, Mariacarla Gadebusch Bondio, Christoph Kühberger und Christiane Streubel (Hg.): Gender aufgreifen. 10 Jahre IZFG Interdisziplinäres Zentrum für Frauen und Geschlechterstudien an der Universität Greifswald. Greifswald, S. 42–49.

Kulessa, Hanne (2005): Herznaht. Ärzte, die Dichter waren – von Benn bis Schnitzler. Hamburg, Leipzig, Wien.

Kulessa, Hanne (2007): Die Medizin ist meine gesetzliche Ehefrau, die Literatur meine Geliebte. Über Schriftsteller, die Ärzte waren. In: Jahrbuch Literatur und Medizin 1, S. 183–194.

Lang, Erich und Klaus Arnold (Hg.) (1996): Die Arzt-Patient-Beziehung im Wandel. Stuttgart.

Leibbrand, Werner (1964): Das Geschichtswerk Michel Foucaults. In: Sudhoffs Archiv 48, S. 352–359.

Leist, Anton (1994): Patientenautonomie und ärztliche Verantwortung. In: Zeitschrift für ärztliche Fortbildung 88, S. 733–741.

Leven, Karl-Heinz (1998): Krankheiten – historische Deutung versus retrospektive Diagnose. In: Norbert Paul und Thomas Schlich (Hg.): Medizingeschichte: Aufgaben, Probleme, Perspektiven. Frankfurt am Main, New York, S. 153–185.

Leven, Karl-Heinz (2008): Geschichte der Medizin. Von der Antike bis zur Gegenwart. München.

Leven, Karl-Heinz (Hg.) (2005): Antike Medizin. Ein Lexikon. München.

Lindner, Johannes M. (Hg.) (1999): Leidlust. Eine Ausstellung psychiatrierfahrener Künstler. Irsee.

Lohmann, Hans Martin und Joachim Pfeiffer (Hg.) (2006): Freud-Handbuch. Leben, Werk, Wirkung. Stuttgart, Weimar.

Lorenz, Matthias N. (2005): Terror. In: Bettina von Jagow und Florian Steger (Hg.): Literatur und Medizin. Ein Lexikon. Göttingen, Sp. 774–779.

Lungershausen, Eberhard (1988): Psychiatrie als Gegenstand der Öffentlichkeit. In: Fundamenta psychiatrica 2, S. 62–67.

Maio, Giovanni (2000): Zur fernsehmedialen Konstruktion von Bioethik – Eine Analyse der Gestaltungsmerkmale von Fernsehdokumentationen über die Sterbehilfe. In: Ethik in der Medizin 12, S. 122–138.

Maio, Giovanni (2001a): Das Klonen im öffentlichen Diskurs. Über den Beitrag der Massenmedien zur Bioethikdiskussion. In: Zeitschrift für medizinische Ethik 47, S. 33–52.

Maio, Giovanni (2001b): Medizinethik und Medien. Analyse der durch das Fernsehen transportierten Moral in Bezug auf medizinethische Problemfelder. In: Giovanni Maio und Volker Roelcke (Hg.): Medizin & Kultur. Ärztliches Denken und Handeln im Dialog zwischen Natur- und Geisteswissenschaften. FS Dietrich v. Engelhardt. Stuttgart, New York, S. 273–284.

Maio, Giovanni und Volker Roelcke (Hg.) (2001): Medizin und Kultur. Ärztliches Denken und Handeln im Dialog zwischen Natur- und Geisteswissenschaften. FS Dietrich v. Engelhardt. Stuttgart, New York.

Martschukat, Jürgen (2002): Geschichte schreiben mit Foucault – eine Einleitung. In: Jürgen Martschukat (Hg.): Geschichte schreiben mit Foucault. Frankfurt am Main, New York, S. 7–26.

Mauser, Wolfram und Carl Pietzcker (Hg.) (2008): Literatur und Psychoanalyse. Erinnerungen als Bausteine einer Wissenschaftsgeschichte. Würzburg.

May, Markus, Peter Goßens und Jürgen Lehmann (Hg.) (2008): Celan Handbuch. Leben – Werk – Wirkung. Stuttgart, Weimar.

Mayer, Ruth und Brigitte Weingart (Hg.) (2004): Virus! Mutationen einer Metapher. Bielefeld.

Moamai, Marion (1997): Krebs schreiben: deutschsprachige Literatur der siebziger und achtziger Jahre. St. Ingbert.

Molzahn, Martin, Annette Tuffs und Jochen Vollmann (2003): Organtransplantation und Organspende (= Gesundheitsberichterstattung des Bundes, 17). Berlin.

Müller-Seidel, Walter (1997): Arztbilder im Wandel. Zum literarischen Werk Arthur Schnitzlers (= Bayerische Akademie der Wissenschaften, Philos.-hist. Klasse, 6). München.

Müller-Waldeck, Gunnar (1995): Fragen um Hans Fallada (Hauptreferat). In: Gunnar Müller-Waldeck und Roland Ulrich (Hg.): Hans Fallada. Beiträge zu Leben und Werk. Rostock, S. 9–25.

National Institute on Alcohol Abuse and Alcoholism (2003): A Call to Action. Changing the Culture of Drinking at U.S. Colleges. http://www.collegedrinking-prevention.gov/ images/TaskForce/TaskForceReport (abgerufen, 30.8.2008).

Nechwatal, Norbert (1992): Zahnweh. Die Zahnheilkunde in der Dichtung. Wiesbaden.

Nevanlinna, Anja (2005): Was ist Poesie- und Bibliotherapie? Eine Einführung. In: Peter Stulz, Frank Nager und Peter Schulz (Hg.): Literatur und Medizin. Zürich, S. 129–137.

Nusser, Tanja und Elisabeth Strohwick (Hg.) (2002): Krankheit und Geschlecht. Diskursive Affären zwischen Literatur und Medizin. Würzburg.

Oexle, Otto G. (2000a): Kultur, Kulturwissenschaft, Historische Kulturwissenschaft. Überlegungen zur kulturwissenschaftlichen Wende. In: Das Mittelalter. Perspektiven mediävistischer Forschung 5, S. 13–33.

Oexle, Otto G. (2000b): Naturwissenschaft und Geschichtswissenschaft. Momente einer Problemgeschichte. In: Otto G. Oexle (Hg.): Naturwissenschaft, Geisteswissenschaft, Kulturwissenschaft: Einheit – Gegensatz – Komplementarität? (= Göttinger Gespräche zur Geschichtswissenschaft, 6). Göttingen, S. 99–151.

Oexle, Otto G. (2001): Geschichtswissenschaft in einer sich ständig verändernden Welt. In: Akademie der Wissenschaften zu Göttingen (Hg.): Wissenschaften 2001. Diagnosen und Prognosen. Göttingen, S. 89–116.

Pender, Malcom (1998): Contemporary images of death and sickness: a theme in German-Swiss literature. Sheffield.

Petersen, Jens (2005): Die Haushälterin. München.

Pethes, Nicolas (2003a): Literatur und Wissenschaftsgeschichte. Ein Forschungsbericht. In: Internationales Archiv für Sozial- und Literaturgeschichte 28, S. 181–231.

Pethes, Nicolas (2003b): Mind Control im Kerkersystem. Darstellungsversuche des ›Stanford Prison Experiment‹. In: Bettina von Jagow und Florian Steger (Hg.): Differenzerfahrung und Selbst. Bewußtsein und Wahrnehmung in Literatur und Geschichte des 20. Jahrhunderts. Heidelberg, S. 165–194.

Pethes, Nicolas (2005): Vom Einzelfall zur Menschheit. Die Fallgeschichte als Medium der Wissenspopularisierung zwischen Recht, Medizin und Literatur. In: Gereon Blaseio, Hedwig Pompe und Jens Ruchatz (Hg.): Popularität und Popularisierung. Köln, S. 63–92.

Pittner, Barbara (1998): Max Mohr und die literarische Moderne. Aachen.

Przybilla, Olaf (2002): Vor dem Zweiten Weltkrieg von München bis Hamburg als Autor gefeiert. Der Mohr kann bleiben. Das Würzburger Chambinzky-Theater erinnert sich mit »Ramper« eines vergessenen Sohnes der Stadt. In: Süddeutsche Zeitung (www.chambinzky.com/ramper_sz.htm, abgerufen 30.8.2008).

Reichert, Carl-Ludwig (1997): »Lieber keinen Kompaß, als einen falschen«. Würzburg – Wolfsgrub – Shanghai. Der Schriftsteller Max Mohr (1891 bis 1937) (= monAkzente, 5). München.

Ridder, Paul (2008): Sonette gegen Liebesschmerz. Bibliotherapie in der Medizingeschichte. Greven.

Riha, Ortrun (1992): Gottfried Benn: ›Der Psychiater‹. Ein Beitrag zum Arztbild in der Literatur des 20. Jahrhunderts. In: Würzburger medizinhistorische Mitteilungen 10, S. 393–403.

Riha, Ortrun (2001): Lyrik und medizinethischer Diskurs. Zwei Gedichte über das Sterben: Gottfried Benn, Mann und Frau gehn durch die Krebsbaracke und Rainer Maria Rilke, aus dem Stunde-Buch III: Von der Armut und vom Tode. In: Giovanni Maio und Volker Roelcke (Hg.): »Medizin und Kultur«. Ärztliches Denken und Handeln im Dialog zwischen Natur- und Geisteswissenschaften. FS Dietrich von Engelhardt, Stuttgart, S. 186–200.

Roelcke, Volker (2002): Psychiatrie zwischen Wissenschaft und Kunst. In: Fundamenta Psychiatrica 16, S. 119–123.

Rousseau, Sebastian George (Hg.) (2003): Framing and imaging disease in cultural history. New York.

Sauder, Gerhard (1990): Gottfried Benn: »Morgue und andere Gedichte«. In: Der Deutschunterricht 42, S. 55–82.

Schildmann, Jan und Jochen Vollmann (2001): Die Ausbildung kommunikativer Fähigkeiten in der Medizin. In: Zeitschrift für Palliativmedizin 2, S. 99–103.

Schivelbusch, Wolfgang (2002): Das Paradies, der Geschmack und die Vernunft: eine Geschichte der Genussmittel. Frankfurt am Main.

Schmidt, Kurt W., Giovanni Maio und Hans J. Wulff (Hg.) (2008): Schwierige Entscheidungen. Krankheit, Medizin und Ethik im Film. Frankfurt am Main.

Schonlau, Anja (2005): Syphilis in der Literatur. Über Ästhetik, Moral, Genie und Medizin (1880–2000). Würzburg.

Schreiner, Julia (2003): Jenseits vom Glück. Suizid, Melancholie und Hypochondrie in deutschsprachigen Texten des 18. Jahrhunderts. München.

Shannonhouse, Rebecca (Hg.) (2000): Out of Her Mind. Women Writing on Madness. New York.

Sontag, Susan (1977): Illness as metaphor. New York.

Sontheimer, Michael (2003): Grossbritanien. Die Drinks- and Drugs-Europameister. In: Spiegel-Online. 28.1.2003. www.spiegel.de/panorama/0,1518,232652,00.html (abgerufen, 30.8.2008).

Soyka, Michael (2003): Drogen- und Medikamentenabhängigkeit. In: Hans-Jürgen Möller, Gerd Laux und Hans-Peter Kapfhammer (Hg.): Psychiatrie und Psychotherapie. 2. Auflage. Berlin, S. 1005–1047.

Sprecher, Thomas (Hg.) (2002): Literatur und Krankheit im Fin-de-Siècle (1890–1914). Thomas Mann im Europäischen Kontext. Die Davoser Literaturtage 2000 (= Thomas-Mann-Studien, 26). Frankfurt am Main.

Sprecher, Thomas (2005): Thomas Mann als Patient. In: Peter Stulz, Frank Nager und Peter Schulz (Hg.): Literatur und Medizin. Zürich, S. 103–116.

Steger, Florian (2003a): Medien, Sucht und Kultur. Das Potential medialer Repräsentationen von Sucht für das Verständnis psychopathologischer Phänomene. In: Fundamenta Psychiatrica 17, S. 53–57.

Steger, Florian (2003b): Differenzerfahrung und Selbst. Wahrnehmungen von Suchterfahrungen in medialen Repräsentationen. In: Florian Steger und Bettina von Jagow (Hg.): Differenzerfahrung und Selbst. Bewußtsein und Wahrnehmung in Literatur und Geschichte des 20. Jahrhunderts. Heidelberg, S. 213–230.

Steger, Florian (2007a): Max Mohr (1891–1937) und D.H. Lawrence (1885–1930). Kostproben eines Briefwechsels. In: Jahrbuch Literatur und Medizin 1 (2007), S. 221–227.

Steger, Florian (2007b): Kreativer Schöpfungsakt *with and about brain*. Geist und Gehirn in der Weltliteratur. In: Dominik Groß und Sabine Müller (Hg.): Sind die Gedanken frei? Die Neurowissenschaften in Geschichte und Gegenwart (= Humandiskurs, Medizinische Herausforderungen in Geschichte und Gegenwart, 1). Berlin, S. 124–132.

Steger, Florian (2007c): Patientengeschichte – eine Perspektive für Quellen der Antiken Medizin? In: Sudhoffs Archiv 91, S. 230–238.

Steger, Florian (2007d): Psychisch kranker Patient fällt durch dissoziales Verhalten auf. Ist eine Zwangsunterbringung nötig? In: MMW. Fortschritte der Medizin Heft 16 [19.4.2007], S. 6.

Steger, Florian (2008a): Das Erbe des Hippokrates. Medizinethische Konflikte und ihre Wurzeln. Göttingen.

Steger, Florian (2008b): Wozu narrative Ethik in der Medizin? In: Jahrbuch Literatur und Medizin 2, S. 185–198.

Steger, Florian (2008c): Historische Entwicklung der psychiatrischen Versorgung. In: Thomas Becker, Holger Hoffmann, Bernd Puschner, Stefan Weinmann unter

Mitarbeit von Silvia Krumm und Florian Steger (Hg.): Versorgungsmodelle in Psychiatrie und Psychotherapie. Stuttgart, S. 32–44.

Steger, Florian und Christian Seidel (2007): Psychisch anders? In: Florian Steger (Hg.): Was ist krank? Stigmatisierung und Diskriminierung in Medizin und Psychotherapie. Gießen, S. 31–48.

Steger, Florian und Thomas Cronen (2007): »Selig, wer nichts erwartet von Deutschland.« Der vergessene Arzt und Literat Max Mohr (1891–1937). In: Literatur in Bayern 22/23, S. 39–43.

Steger, Florian und Thomas Cronen (2008): Max Mohr (1891–1937) und Bruno Frank (1887–1945). Kostproben eines Briefwechsels. In: Jahrbuch Literatur und Medizin 2, S. 219–227.

Struck, Wolfgang und Hans J. Wulff (1998): Vorher und Nachher. Virtuosität von Sichtweisen und Wertewelten in Trainspotting. In: Medien praktisch, Texte 1, S. 24–31.

Stulz, Peter, Frank Nager und Peter Schulz (Hg.) (2005): Literatur und Medizin. Zürich.

sul. (2003): Legale Drogen sind weiterhin das größte Problem. Über 200 000 Menschen sterben in Deutschland pro Jahr an den Folgen des Konsums von Nikotin und Alkohol. In: Ärzte Zeitung. 20.1.2003. www.aerztezeitung.de/docs/2003/01/20/010a0401.asp? nproductid=2580&narticleid=244132 (abgerufen, 30.8.2008).

Tellenbach, Hubertus (1992): Schwermut, Wahn und Fallsucht in der abendländischen Dichtung (= Schriften zur Psychopathologie, Kunst und Literatur, 4). Hürtgenwald.

Thiemer, Nicole (2007): »Narrativität und Ethik« – Ein bibliographischer Kommentar. In: Karen Joisten (Hg.): Narrative Ethik. Das Gute und das Böse erzählen (= Deutsche Zeitschrift für Philosophie, Sonderband 17). Berlin, S. 293–301.

Thiher, Allen (1999): Revels in Madness. Insanity in Medicine and Literature. Ann Arbor.

Thomé, Horst (1993): Autonomes Ich und »Inneres Ausland«. Studien über Realismus, Tiefenpsychologie und Psychiatrie in deutschen Erzähltexten (1848–1914). Tübingen.

Tworek, Elisabeth (2002a): Literatur im Exil: Max Mohr. In: Elisabeth Tworek (Hg.): Lebendiges Literaturarchiv. 25 Jahre Monacensia im Hildebrandhaus. München, S. 61–63.

Tworek, Elisabeth (Hg.) (2002b): Literatur im Archiv. Bestände in der Monacensia. Herausgegeben unter der Mitarbeit von Ursula Hummel. München.

Unschuld, Paul U. (1996): Shanghai als Zufluchtstätte deutscher Ärzte in der Zeit des Nationalsozialismus. Teil II: Erinnerungen an Max Mohr. In: ChinaMed. Zeitschrift für Medizin, Politik, Wirtschaft und Kultur 4, S. 50–52.

Virt, Günter (2000): Sucht/Suchtgefahren. In: Wilhelm Korff, Lutwin Beck und Paul Mikat (Hg.): Lexikon der Bioethik. Bd. 3. Gütersloh, S. 487–489.

Vollmann, Jochen (2000): Das Informed Consent-Konzept als Politikum in der Medizin. Patientenaufklärung und Einwilligung aus historischer und medizinethischer Perspektive. In: Matthias Kettner (Hg.): Angewandte Ethik als Politikum. Frankfurt am Main, S. 253–279.

Vollmann, Jochen (2008): Patientenselbstbestimmung und Selbstbestimmungsfähigkeit. Beiträge zur klinischen Ethik. Stuttgart.

Wagner-Egelhaaf, Bettina (1997): Traum – Text – Kultur. Zur literarischen Anthropologie des Traumes. In: Gerhard Neumann (Hg.): Poststrukturalismus. Herausforderungen an die Literaturwissenschaft. Stuttgart, Weimar, S. 123–144.

Waller, Friederike, Hans Dierck Waller und Georg Marckmann (Hg.) (2004): Gesichter der Heiligen Krankheit. Die Epilepsie in der Literatur. Tübingen.

Weidermann, Volker (2008): Das Buch der verbrannten Bücher. Köln.

Weigel, Sigrid (1993): Zur Polyphonie des Anderen. Traumatisierung und Begehren in Ingeborg Bachmanns imaginärer Autobiographie. In: John Pattilo-Hess und Wilhelm Petrasch (Hg.): Ingeborg Bachmann. Die Schwarzkunst der Worte. Wien, S. 9–25.

Weigel, Sigrid (1999): Ingeborg Bachmann. Hinterlassenschaften unter Wahrung des Briefgeheimnisses. Wien.

Weingart, Brigitte (2002): Ansteckende Wörter. Repräsentationen von AIDS. Frankfurt am Main.

Welker, Lorenz (2007): Wirkstoff Musik. Mozart hilft heilen. In: Jahrbuch Literatur und Medizin 1, S. 177–182.

Welsh, Irvine (1999): Trainspotting. Roman. Aus dem Englischen von Peter Torberg. Berlin.

Werber, Niels (2003): Repräsentation/repräsentativ. In: Karlheinz Barck, Martin Fontius, Dieter Schlenstedt, Burkhart Steinwachs und Friedrich Wolfzettel (Hg.): Ästhetische Grundbegriffe. Historisches Wörterbuch in sieben Bänden. Bd. 5. Stuttgart, S. 264–290.

Wiarda, Jan-Martin (2002): Vollrausch. Amerikas Colleges haben ein Problem: Fast die Hälfte der Studenten trinkt zu viel. In: Die Zeit 4, S. 61.

Wiesemann, Claudia (2000): Die heimliche Krankheit. Eine Geschichte des Suchtbegriffs. (= Medizin und Philosophie, 4). Stuttgart, Bad Cannstatt.

Wittern, Renate (1994a): Physis – Zum griechischen Naturbegriff. In: Henning Kößler (Hg.): Natur. Fünf Vorträge (= Erlanger Forschungen Reihe B, 23). Erlangen, S. 13–36.

Wittern, Renate (1994b): Prognose – Überlebensstrategie des antiken Arztes? In: Andreas Frewer und Claus Rödel (Hg.): Prognose und Ethik. Theorie und klinische Praxis eines Schlüsselbegriffs der Ethik in der Medizin. Erlangen, S. 13–25.

Wittern, Renate (1996): Die Anfänge der griechischen Medizin. In: Friedo Ricken (Hg.): Philosophen der Antike I. Stuttgart, Berlin, Köln, S. 145–159.

Wittern, Renate und Pierre Pellegrin (Hg.) (1996): Hippokratische Medizin und antike Philosophie. Hildesheim.

Wolf, Christa (2002): Leibhaftig. München.

Wulff, Hans J. (2000): Bilder der Psychiatrie. Analysiert in Filmen der neunziger Jahre. In: Medien praktisch 24, S. 51–56.

Wulff, Hans J. (2008): Als segelte ich in die Dunkelheit (…). Die ästhetische und dramatische Analyse der Alzheimer-Krankheit im Film. In: Jahrbuch Literatur und Medizin 2, S. 199–216.

Zachau, Reinhard K. (1995): Ein kurzer Blick auf die Fallada-Forschung. In: Gunnar Müller-Waldeck und Roland Ulrich (Hg.): Hans Fallada. Beiträge zu Leben und Werk. Rostock, S. 26–44.

Zweig, Stefan (1992): Schachnovelle. Frankfurt am Main.

Personenregister

Wenn Sie weiterlesen möchten ...

Florian Steger
Das Erbe des Hippokrates
Medizinethische Konflikte und ihre Wurzeln

Wo hat das ethische Problembewusstsein der modernen Medizin seine Wurzeln? Anhand exemplarischer »moderner« Konflikte (Schwangerschaftsabbruch und Eugenik, Euthanasie und Sterbehilfe, Arzt-Patienten-Beziehung) wird deutlich, dass die Grundlagen im Umgang mit diesen Konflikten in der Antike zu suchen und zu finden sind. Der Titel »Das Erbe des Hippokrates« ist insofern Programm, als die häufigste Bezugstelle moderner medizinethischer Diskussionen der hippokratische Eid und dessen Tradition ist – der Eid und sein Verfasser bieten somit nicht nur einen idealen Zugang zur Problemstellung, sondern kommen selbst »zu Wort«.

Uwe Schütte
Die Poetik des Extremen
Ausschreitungen einer Sprache des Radikalen

Gibt es eine Traditionslinie extremistischer Poetiken in der deutschsprachigen Literatur? Uwe Schütte untersucht anhand literarischer Texte ab dem späten 18. Jahrhundert den Konnex zwischen historischen Phänomenen wie Revolution, Krieg oder Terrorismus und extremen biografischen Umständen wie Schizophrenie für die Herausbildung radikaler Schreibweisen. Die Spannbreite der behandelten Autoren reicht dabei von der Klassikertrias Kleist, Hölderlin und Büchner über Schriftsteller des 20. Jahrhunderts wie Ernst Jünger oder Hans Henny Jahnn bis zu den Gegenwartsautoren Ernst Herbeck und Rainald Goetz.

Erhard Schütz / Wolfgang Hardtwig (Hg.)
Keiner kommt davon
Zeitgeschichte in der Literatur nach 1945

Was sind die besonderen Bedingungen von Literatur in ihrem Verhältnis zur Zeitgeschichte? Kann man sie loslösen vom Diskurs über Gedächtnis und Erinnerung? Was kann und darf Gegenwartsliteratur gegenüber wissenschaftlicher Geschichtsschreibung? Und welches Interesse kann diese an jener nehmen? Diesen Fragen geht der Band nach: Zu Wort kommen bekannte Wissenschaftler ebenso wie ausgewiesene Nachwuchskräfte. In den Blick geraten dabei nicht nur die Leistungen spezifischer Genres, sondern auch exemplarische Autoren wie u.a. Tanja Dückers, Christa Wolf, Rainald Goetz, Günter Grass und Uwe Timm. Die Herausgeber sind mit ihren Fachbereichen – Neuere deutsche Literatur und Neuere Geschichte – Experten für genau diese Schnittstelle.

Wenn Sie weiterlesen möchten ...

Bettina von Jagow / Oliver Jahraus (Hg.)
Kafka-Handbuch
Leben – Werk – Wirkung

Das Handbuch liefert alle relevanten Grundlageninformationen in vier Abteilungen über Leben, Werk, Deutung und Wirkung Franz Kafkas auf der Basis geleisteter und aktueller Forschung. Zunächst geht es um den Menschen zwischen Leben und Werk – hier werden Kafkas Biographie, das Verhältnis zu seinem Vater, zu den Frauen, zu Max Brod sowie Kafka als Briefe- und Tagebuchschreiber, als Beamter und als kranker Mensch erörtert. Der Werküberblick thematisiert sodann Kafkas Publikationen zu Lebzeiten, seinen Nachlass und die Editionspraxis, sein Schreiben und seine Einbettung in Raum, Zeit und Systeme. Hieran schließen sich Deutungsperspektiven und Einzelinterpretationen an, in denen die vielschichtigen Möglichkeiten der Kafka-Interpretation und Forschung im Mittelpunkt stehen und das Werk exemplarisch durchleuchtet wird.

Beiträger

Ulf Abraham, Els Andringa, Michal Ben-Horin, Maximilian Burkhardt, Stanley Corngold, Waldemar Fromm, Mark H. Gelber, Sander Gilman, Sabine I. Gölz, Hans H. Hiebel, Alexander Honold, Bettina von Jagow, Oliver Jahraus, Andreas B. Kilcher, Christian Klein, Clayton Koelb, Detlef Kremer, Vivian Liska, Dagmar C. Lorenz, Michael Müller, Bodo Plachta, Christian Schärf, Monika Schmitz-Emans, Galili Shahar, Scott Spector, Annette Steinich, Henry Sussman, Joachim Unseld, Hans Dieter Zimmermann

PRESSESTIMMEN

»Unter Gewinnung namhafter Autoren ist es gelungen, eine übersichtliche Dokumentation zu erstellen, die jedem, der über Kafka arbeitet oder sich einfach für den Schriftsteller interessiert, ans Herz gelegt sei.« *Anneke Müller, Prager Zeitung*

»Kafka – das ist natürlich auch der Forschungsgegenstand, der längst ganze Bibliotheken füllt. Wer sich in dieses (auf eigentümliche Weise kafkaeske) Labyrinth wagen möchte, dem sei das neue ›Kafka-Handbuch‹ als Wegweiser empfohlen.« *Friedrich Ani, Buchjournal*

»... endlich ein neues Kafka-Handbuch, reich an Informationen, Werk- und Überblicksdarstellungen und für jede gründliche Kafka-Beschäftigung unentbehrlich.« *Klaus Bellin, Lesart*

Von Abtreibung bis Zwang

V&R

Bettina von Jagow /
Florian Steger (Hg.)
Literatur und Medizin
Ein Lexikon

2005. 498 Seiten, Leinen
ISBN 978-3-525-21018-5

Der umfassende Überblick zu den mehrdimensionalen Beziehungen von Literatur und Medizin legt neue Perspektiven frei und zeigt bisher nicht gesehene Verbindungslinien auf.

PRESSESTIMMEN

»Dem Herausgeberteam ist ein ungewöhnlicher Wurf gelungen: Das Lexikon, sonst Inbegriff trockener Sachinformation – hier ist es ein Lesevergügen!«
Axel Karenberg, Deutsches Ärzteblatt

»Einen umfassenden und systematischen Überblick über die zahlreichen Schnittstellen von literarischem und medizinischem Diskurs in den europäischen Literaturen von der Antike bis zur Gegenwart gibt ein von Bettina von Jagow und Florian Steger herausgegebenes Lexikon – eine wahre Fundgrube.«
Oliver Pfohlmann, Neue Zürcher Zeitung

»Sowohl für Ärzte als auch Literaturwissenschaftler wie für alle an Kunst und Kultur Interessierte ist der Band ein ausgesprochener Gewinn.«
Verena Wetzstein, Zeitschrift für medizinische Ethik

»Ist es Ihnen schon passiert – selbst im Internet-Zeitalter! – dass Sie sich in einem Lexikon festgelesen haben, obwohl Sie mal nur eben ein Stichwort nachschlagen wollten? Das wird Ihnen spätestens mit diesem Band so ergehen.«
Ophta – Schweizerische Fachzeitschrift für augenärztliche Medizin und Technologie

Vandenhoeck & Ruprecht

Klaus-Jürgen Grün / Michel Friedman / Gerhard Roth (Hg.)

Entmoralisierung des Rechts

Maßstäbe der Hirnforschung für das Strafrecht

2008. 192 Seiten mit 6 Abb., kartoniert
ISBN 978-3-525-49131-7

Wir sind davon überzeugt, dass ein Mensch nur dann für seine Taten verantwortlich ist, wenn er aus freiem Willen gehandelt hat. Doch die Erkenntnisse der Hirnforschung stellen diese Logik auf den Kopf.

Gerald Hüther

Bedienungsanleitung für ein menschliches Gehirn

7. Auflage 2007. 139 Seiten, kartoniert
ISBN 978-3-525-01464-6

Der renommierte Hirnforscher Gerald Hüther übersetzt die neuesten, faszinierenden Erkenntnisse der Neurobiologie in eine verständliche Sprache und zeigt dem Leser auf, wie er konkret für sein eigenes Leben daraus profitieren kann.

Udo Benzenhöfer

Der Arztphilosoph Viktor von Weizsäcker

Leben und Werk im Überblick

2007. 222 Seiten, kartoniert
ISBN 978-3-525-49127-0

Die Person des Patienten im Fokus der Medizin, eine einfühlsame Arzt-Patient-Beziehung, die soziale Determinierung von Krankheiten – diese Vorstellungen sind keineswegs neu, wie dieses Buch zeigt.

Wolfgang Tress / Rudolf Heinz (Hg.)

Willensfreiheit zwischen Philosophie, Psychoanalyse und Neurobiologie

2007. 136 Seiten, kartoniert
ISBN 978-3-525-40402-7

Obwohl die Neurowissenschaften die Existenz eines freien Willens immer wieder untersucht und hinterfragt haben, konnte sie bisher nicht widerlegt werden. Diese Frage bleibt eine ideologische.

»...diesem Buch [sind] viele leidenschaftliche Diskussionen zu wünschen.« *Verena Liebers, Psychologie heute*

Fuat S. Oduncu

In Würde sterben

Medizinische, ethische und rechtliche Aspekte der Sterbehilfe, Sterbebegleitung und Patientenverfügung

2007. 197 Seiten mit 4 Abb. und 17 Tab., kartoniert. ISBN 978-3-525-45319-3

Sterbehilfe – unterlassen oder handeln? Der Grat zwischen der Linderung von Leiden und unnötiger Verlängerung des Sterbeprozesses ist schmal. Fuat S. Oduncu setzt sich für die Stärkung der Palliativmedizin ein.

Vandenhoeck & Ruprecht